I0009284

GRIN

Maciej Niemczyk

Analyse von komplexen Produkt- und Prozess-Datentypen zur Unterstützung wissensintensiver Prozesse

GRIN Verlag

Bibliografische Information der Deutschen Nationalbibliothek:

Die Deutsche Bibliothek verzeichnet diese Publikation in der Deutschen Nationalbibliografie; detaillierte bibliografische Daten sind im Internet über http://dnb.d-nb.de/ abrufbar.

Impressum:

Druck und Bindung: Books on Demand GmbH, Norderstedt Germany
ISBN: 978-3-640-85037-2

Universität Siegen

Fachbereich 5

Institut für Wirtschaftsinformatik

Seminararbeit

Analyse von komplexen Produkt- und Prozess- Datentypen zur Unterstützung wissensintensiver Prozesse

Betreuer:

Universität Siegen

Verfasser:

Maciej Niemczyk

Inhaltsverzeichnis

Einleitung

Laut einer Studie der International Data Corporation (IDC) [1] wächst seit der Einführung der ersten Rechenmaschinen die von ihnen erfasste Datenmenge jährlich um etwa 60 %. Gleichzeitig fallen die Preise für Speichermedien im Zeitverlauf stetig. Wo früher Bücher geführt wurden, um Vorgänge festzuhalten oder wichtige Informationen für Interessengruppen für längere Zeit verfügbar zu machen, stehen jetzt Computer und speichern die Daten auf ihren Festplatten. Dieser Wandel hat einerseits in der einschlägigen Literatur den Begriff des Informationszeitalters [2] geprägt, andererseits die Globalisierung durch Vernetzung der Informationsbestände, sowie die Schaffung von globalen Märkten, wie den des world wide webs, weiter vorangetrieben. Andy Grove (Vorstandsmitglied bei Intel) fasst diese Situation folgendermaßen zusammen:

„Sie haben keine andere Wahl als in einer Welt zu operieren welche von Globalisierung und einer revolutionären Entwicklung der Informationstechnologie gezeichnet ist. Es gibt zwei Optionen: anpassen oder sterben." [2] Preface S.1

Der Wandel ermöglicht auch den Einsatz verschiedener Anwendungs- und Kommunikationssysteme. Diese bieten effizienten Zugriff auf Informationen, unterstützen die Automatisierung von Geschäftsprozessen oder deren Aktivitäten und ebnen neue, verglichen mit dem Schriftverkehr schnellere und komfortablere Kommunikationswege. Ferner werden auch neue Möglichkeiten geschaffen, welche mit den herkömmlichen Mitteln, falls überhaupt, nur mit sehr viel größerem Aufwand zu realisieren wären. Die Studie IT-Trends [3] von Capgemini bietet hierbei einen Überblick über neue, derzeit wenig verbreitete Nutzungsmöglichkeiten der IT. Ein aus dem konsequenten Einsatz der IT entstehender Nutzungsbereich ist die schnelle Beschaffung, Austausch und die Auswertung von Informationen. Als Beispiel hierfür kann der effiziente Zugriff auf eigene Produktinformationen oder die eines Lieferanten dienen. Dieser Zugriff kann auch mit interaktiven und rechtswirksamen Vorgängen verbunden sein, wie beispielsweise der sofortigen Bestellung. Es lassen sich auch Aktivitäten definieren, welche bei Auslösung bestimmter Ereignisse automatisch eingeleitet werden, beispielsweise eine Nachbestellung eines Rohstoffes. Diese Vorgänge erlauben eine enge Zusammenarbeit beteiligter Unternehmen trotz geographischer Distanz entlang der gesamten Produktionskette (Supply Chain) [4]. Dies ist ein entscheidender Wettbewerbsvorteil gegenüber Unternehmen, welche die Technologie noch nicht oder nicht in vollem Umfang einsetzten.

In dieser Seminararbeit werden, ausgehend von ausgewählten wissensintensiven Prozessen, die dabei anfallenden Daten klassifiziert und im Kontext der Prozesse die Daten mit den darauf zulässigen Operationen als komplette Datenstruktur analysiert. Hierfür wird im ersten Kapitel ein *Überblick* über die Zusammenhänge zwischen den *Daten* und den in ihnen gespeicherten *Informationen* geschaffen. Innerhalb des Kapitels wird erläutert, welches Wissen diese Informationen darstellen und wie es in den Unternehmensprozessen generiert und benötigt wird. Das zweite Kapitel beschäftigt sich mit der Frage, welche *Klassifizierungskategorien* für Daten möglich sind und aus dem Blickwinkel der wissensintensiven Prozesse sinnvoll erscheinen. Schließlich wird im letzten Kapitel ein Beispielprozess aufgezeigt, bei den das zuvor erarbeitete Wissen detailliert aufgearbeitet wird.

Daten und Prozesse

Zusammenhang: Daten, Informationen und Wissen

In Anlehnung an [5] bestehen Unterschiede zwischen den drei gedanklichen Konstrukten (Daten, Informationen und Wissen), obgleich diese nicht ganz trennscharf von einander abgegrenzt werden können. Einen möglichen Grund sehen die Verfasser darin, dass bei hohem Abstraktionsgrad einer gedanklichen Konstruktion die unterschiedlichen Blickwinkel der Betrachter so weit divergieren können, dass komplexe Zusammenhänge aufgrund der Divergenz polymorph erscheinen und somit nicht mehr eindeutig definiert werden können.

Das elementarste der drei Konstrukte sind die gespeicherten oder schriftlich erfassten *Daten*, welche jedoch vorerst nur bedeutungslose Muster darstellen. Daten werden als Einsen und Nullen oder auf einer etwas höheren Ebene als Symbole gespeichert. Die elementarste Information darüber, wie diese Symbole zu interpretieren sind, ist bei gespeicherten Daten in den zugehörigen Datentypen bzw. bei schon erkannten Wörtern in der Grammatik der Sprache enthalten. Hierbei wird die Aussage gegenüber reinen Symbolen um die Syntax bereichert.

Ist die Kenntnis über den Datentyp und die Grammatik gegeben und sind daraus resultierende Vorgaben erfüllt, dann kann im nächsten Schritt die Semantik der Daten geprüft werden. Ist die Semantik ebenfalls gültig, so handelt es sich, bezogen auf den Kontext, in welchem auf die Daten zugegriffen wird, um eine bedeutungsvolle oder bedeutungslose *Information.* Die Frage nach dem Informationsgehalt und Nutzen einer Information fällt hierbei in den Bereich der Pragmatik. Der Informationsgehalt ist auch in gewissen Situationen durch *Data Mining* Instrumente messbar [2]. Als Unterscheidungskriterium kann hier der Prozess der *Interpretation* angesehen werden, bei dem die syntaktische Struktur in einen semantischen Kontext überführt wird, in welchem sie einen Sinn ergeben kann. Die Interpretation wird auch in anderen Gebieten der Informatik als die Berechnung der Semantik beschrieben. Als Anwendung könnte hier die Lehre des Compilerbaus dienen [6]. Die Information kann bereits eine Eingabe oder Ausgabe eines Entscheidungsprozesses darstellen [5].

Beim *Wissen* handelt es sich um erlernte Informationen und es ist somit die Ausgabe eines Lernprozesses. Das Wissen wird zunächst bei der Interpretation benötigt, denn nur auf der Grundlage von Wissen über z.B. die Grammatik einer Sprache können Interpretationen stattfinden, um Daten in Informationen zu transferieren. Das Wissen ermöglicht die Ableitung bzw. Ausarbeitung neuer aus bestehenden Informationen. Es fließt bei Lernprozessen als Eingabe mit ein und ist gleichzeitig deren Ausgabe. Die Resolution in der logischen Programmierung ist eine Möglichkeit aus Wissen und Informationen neues Wissen zu generieren. Die Prädikatenlogik von Programmiersprachen wie Prolog ermöglicht durch die Resolution die Beantwortung einer indirekt gestellten Frage durch das Finden einer Kombination aus bestehenden Wissensbeständen, so dass die indirekt gestellte Frage beantwortet werden kann [7].

Das Wissen erfüllt demnach drei Funktionen [5]:

1. Dateninterpretation (Interpretation) (Transfer: Daten → Informationen)
2. Ausarbeitung (Elaboration) (Ableitung neuer Informationen aus Bestehenden)
3. Lernen (Learning) (Erwerb neuen Wissens)

Abbildung 1 dient der Veranschaulichung der Zusammenhänge der drei Konzepte:

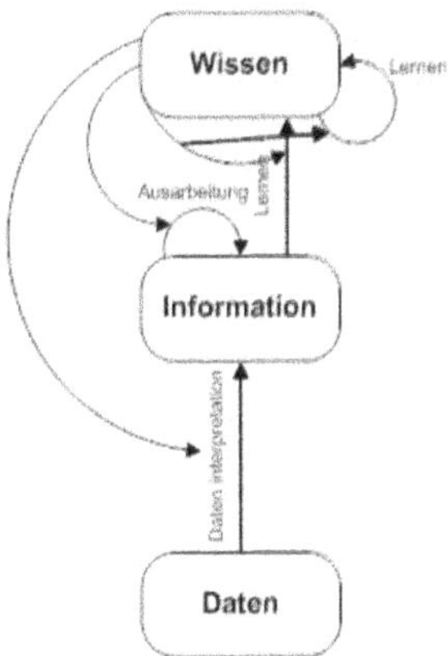

Abbildung 1: Zusammenhang zwischen Wissen, Information und Daten (Übersetzung aus [5])

Erst durch die Verwendung und Nutzung von Informationen in einem bestimmten Handlungsumfeld kommt die Pragmatik zum tragen und entscheidet z.B. ob eine Person mit „du" oder „sie" angesprochen wird. In ihr befinden sich weitere Informationen über die Begleitumstände einer Aussage und somit auch Wissen, welches über den eigentlichen Sinn einer Aussage hinausgeht. Dieses Wissen wird in der Literatur nicht durchgehend der Semantik zugerechnet.

Der Begriff des Wissens wird in der Informationstechnologie ferner synonym zum Glauben an unbeweisbare Tatbestände verwendet. Einerseits ist die Zuweisung eines Wahrscheinlichkeitswertes p als Ausdruck für die Gültigkeit einer unbeweisbaren These sehr komplex bis undurchführbar. Andererseits wird auch in der Philosophie, welche hier den theoretischen Kontrapunkt darstellt, über die Anerkennung paralleler Bedeutungen gestritten [5].

Explizites Wissen nach Polanyi

Explizites Wissen entspricht formalen Zwängen, die es ermöglichen dieses in medialer Form zu speichern und zu übertragen. Dadurch ist das explizite Wissen nicht an bestimmte einzelne Personen gebunden, da es in Form von Dokumenten standardisiert und strukturiert verfügbar gemacht werden kann [8].

Implizites Wissen nach Polanyi

Implizites Wissen ist gegenüber dem Expliziten nur schwer formalisierbar und lässt sich somit nicht strukturiert vermitteln. Da es sich hierbei i.d.R. um subjektives „Know-how" handelt, treten als geeignete Vermittlungsmethoden mentale Modelle, wie Paradigmen oder Überzeugungen, in den Vordergrund [8].

Eine Beschreibung in Form von „Best Practices" stellt somit den Versuch einer Transformation von impliziten in explizites Wissen dar.

Abhängigkeit der Daten von Prozessen

Der Zweck der Datenhaltung ist auf die Notwendigkeit der Speicherung von Informationen zurückzuführen, welche sowohl für das System wie auch den mit dem System interagierenden Menschen als solche erscheinen. Diese Tatsache impliziert einen Grund für die Datenhaltung, von welchem die Qualität, die Quantität und nicht zuletzt auch die Sicherheit der Daten abhängt. Angenommen, der Grund der Aufnahme von Daten wäre z.B. die geplante Einführung eines neuen Sportcoupés, dann würden Genauigkeit und Vollständigkeit der Messwerte und anderer Parametern des neuen Produktes ein Maß für die Datenqualität darstellen. Die Quantität könnte sich beispielsweise in der Anzahl der Marktumfragen, die zu diesem Produkt gestartet worden wären, widerspiegeln. Ein Maß für die Sicherheit wäre der Aufwand, der zum Schutz der Produktinformationen des neuen Prototypen gegen Industriespionage und weiteren unerwünschten Zugriffen, betrieben worden wäre. Dieser Grund ist ebenfalls unmittelbar mit den in den Unternehmen stattfindenden Prozessen verbunden, welche sowohl über das implizite wie auch explizite Wissen entscheiden, welches zu ihrer Erfüllung benötigt wird. Auch die Anwendungssysteme sind auf die Unterstützung der Unternehmensprozesse ausgerichtet. Dadurch hängen die von ihnen intern abgelegten Daten indirekt auch von diesen Prozessen ab. Es gibt gesetzliche Vorgaben und Richtlinien zur Datenhaltung, welche in Gesetzestexten, wie dem Bundesdatenschutzgesetz (BDSG), verankert sind. Ein weiters Beispiel wären die Anordnungen zur Datensicherheit wie das Gesetz zur Kontrolle und Transparenz im Unternehmensbereich (KonTraG) und weitere Empfehlungen wie das CObIT oder das IT-Grundschutzhandbuch, welche den Handlungsspielraum der leitenden Organe eines Unternehmens eingrenzen. Die Gesetze und Richtlinien gelten für bestimmte Unternehmen, welche wiederum nach ihren Branchen klassifiziert werden können. Ein grober Überblick über die verschiedenen Brachen mit den jeweils typischen Anwendungssystemen wird am Ende dieses Kapitels geboten. Die Wahl der Informationen, welche durch Datenhaltung erfasst werden und somit die Entscheidung, welche Anwendungsprozesse mit welchen Daten betrieben werden, hängt letztendlich vom Management, genauer gesagt von den strategischen und operativen Zielen, die das Management für ein Unternehmen ausformuliert hat, ab. Als Relation zwischen den strategischen und operativen Zielen und den Geschäftsprozessen wird im steigenden Maße die Balanced Scorecard eingesetzt. Hierbei werden die Ziele ausgehend von den strategischen auf die operativen Geschäftsbereiche immer weiter verfeinert und wirken sich somit auf einzelne Aktivitäten der Prozesse aus [9]. Da die Prozesse auf die Erreichung der Ziele und somit die Einhaltung der Vorgaben optimiert werden müssen, spiegelt sich in ihnen ebenfalls die Strategie eines Unternehmens wider. Zusammenfassend lässt es sich sagen, dass die Daten eine Ressource für und das Ergebnis von Prozessen darstellen, dadurch sind sie eindeutig an die Prozessen gebunden. Die Prozesse hängen ihrerseits von den Zielen der Unternehmen ab, welche wiederum von gesetzlichen Vorgaben und Empfehlungen wie auch weiteren Faktoren abhängen. Dies ist der Grund, weshalb den Prozessen im Rahmen dieser Seminararbeit ein besonderes Augenmerk zugesprochen wird.

Da jedoch nicht alle Prozesse im Rahmen dieser Arbeit Beachtung finden können, wird der Fokus auf die als besonders interessant erscheinenden, *wissensintensiven Prozesse* gelegt. Die Abgrenzung wissensintensiver Prozesse von übrigen Geschäftsprozessen wird im folgenden Kapitel beschrieben. Diese erscheinen als besonders geeignet, denn bei denen werden besonders viele verschiedene Daten zusammengetragen, aufgenommen, verarbeitet und abgerufen. Dies schafft die Möglichkeit die meisten komplexen Datentypen in einen gemeinsamen Kontext eines Geschäftsprozesses zu analysieren.

Abgrenzung wissensintensiver Prozesse

Definition wissensintensiver Prozesse

„Ein wissensintensiver Prozess ist ein Prozess, der sowohl eine oder mehrere wissensintensive Aktivität(en) enthält, als auch - abgesehen von dem Aspekt der Verwaltung prozessbezogenen Wissens - zur Unterstützung durch Workflow Management geeignet ist." [10]

Die obige Definition nutzt den Begriff der wissensintensiven Aktivität und setzt die Kenntnis über Workflow Management Systeme voraus, weshalb diese zunächst erläutert werden.

Definition wissensintensiver Aktivitäten

„Eine wissensintensive Aktivität ist gekennzeichnet durch flexible, nicht planbare Wissensbedarfe, unterschiedliche Ergebnisse und einen überdurchschnittlich hohen Kommunikations- und Kooperationsbedarf bei der Durchführung der Aktivität." [10]

Die wissensintensiven Aktivitäten unterscheiden sich also von Routineaktivitäten (Sachbearbeitung) in drei Punkten:

1. Erhöhten und nicht planbaren und somit auch schwer vorhersehbaren Informations- bzw. Wissensbedarf. Dadurch kann die Relevanz der hierbei benötigten Dokumente zum Zeitpunkt der Modellierung nicht festgestellt werden oder sie werden erst bei der Bearbeitung eines Geschäftsfalls erstellt und in weiteren Verlauf genutzt
2. Unterschiedlichen und somit sehr stark von dem Verlauf des Prozesses abhängige Ergebnissen, welche in Form von Ausnahmen oder Sonderfällen auch entsprechend unterschiedlich dokumentiert werden
3. Überdurchschnittlich hohen Kommunikations- und Kooperationsbedarf, welcher auf die Absprache mit anderen Teilnehmern wegen überdurchschnittlich hoher Komplexität und der den Teilnehmern zugesprochenen Handlungsspielräume zurückzuführen ist

Um die Ausführung und den Fortschritt eines Geschäftsprozesses zu überwachen oder zu unterstützen, werden in zunehmendem Maße so genannte Workflow Management Systeme (WfMS) eingesetzt. Diese steuern die Ausführung des Workflows entsprechend dem definierten Geschäftsprozess durch die Organisation.

Definition eines Workflows

„Ein Workflow (Wf) bezeichnet mehrere dynamische, abteilungsübergreifende aber fachlich zusammenhängende, arbeitsteilige Aktivitäten, die in logischer oder zeitlicher Abhängigkeit zueinander stehen." [11]

Somit besteht ein Workflow aus der Gesamtheit der Vorgänge, die der Ausführung eines Geschäftsprozesses dienen. Dabei unterstützt ein WfMS die an den Geschäftsprozessen beteiligten Arbeitskräfte mit dem Zugriff auf relevante Dokumente. Dies erfolgt entweder durch pull-Funktion oder auch push-Funktion. Bei der pull-Funktion können sich die Akteure aus einer gebotenen Menge passende Dokumente selbst auswählen während sie bei der push-Funktion mit relevanten Dokumenten beim Eintritt von gewissen Bedingungen automatisch versorgt werden [10].

Der Einsatz von WfMS ist an folgende Voraussetzungen gebunden. Diese umfassen laut [11]:

- die einzelnen Vorgangsschritte sind klar gegeneinander abgegrenzt,
- der Ablauf eines Vorgangs ist eindeutig, nach klaren Regeln definiert,

- den an der Vorgangsbearbeitung beteiligten Mitarbeitern lassen sich Funktionen, Rollen und Kompetenzen zuweisen,
- die Informationsbearbeitung- und -bereitstellung ist automatisierbar, so dass der gesamte Arbeitsprozess vom Dokumentenzugriff bis zur Archivierung weitgehend planbar ist.

Die Voraussetzungen stehen also im Widerspruch zu den Begleitumständen der wissensintensiven Aktivitäten, wodurch diese nicht geeignet durch WfMS unterstützt werden können [10].

Mit den oben aufgeführten Definitionen lässt sich eine Bandbreite zwischen Routineaktivitäten wie Sachbearbeitung und höchst anspruchsvoller und komplexer Wissensarbeit aufspannen. Diese Bandbreite wird zum Teil von wissensintensiven Prozessen gedeckt. Wissensintensive Prozesse setzen sich sowohl aus wissensintensiven wie routinierten Aktivitäten zusammen [10].

Überblick über Anwendungssysteme mit Unterstützung wissensintensiver Prozesse

Eine Vielzahl verschiedener Anwendungen dienen der Unterstützung von Geschäftsprozessen. Diese Erfordern sowohl implizites als auch explizites Wissen und arbeiten mit Daten, indem sie diese generieren und aufnehmen. Nicht alle mit den Anwendungen in Zusammenhang stehenden Prozesse erfordern vom Benutzer eine eingehende Recherche, sowohl im Bezug auf die Bedienung der Anwendung als auch auf die für den Arbeitsvorgang relevanten Informationen. Nur während einer Teilmenge, der mit den Anwendungen in Zusammenhang sehenden Prozesse, muss der Benutzter eine nicht planbare Menge von Dokumenten betrachten, manipulieren und komplexe Dokumente unterschiedlichster Art generieren. Dennoch sind die wissensintensiven Aktivitäten, welche mit dem in Folgenden aufgeführten Anwendungssystemen zusammenhängen können, sehr unterschiedlich. Dadurch können alle Anwendungssysteme innerhalb wissensintensiver Prozesse involviert werden. Da der Fokus dieser Seminararbeit den Daten und nicht den Anwendungen gilt, wird ein besonderer Augenmerk der industriellen Fertigung zukommen, da das Beispielprozess aus Kapitel 3 ebenfalls dieser Brache zuzuordnen ist. Um einen besseren Gesamtüberblick zu bekommen werden einige andere Brachen sowie von diesen unabhängige Anwendung kurz aufgeführt ohne den Anspruch auf Vollständigkeit zu erheben.

Die Industriespezifischen Anwendungssysteme können weitgehend dem Y-CIM-Model von August-Wilhelm Scheer entnommen werden. CIM steht dabei für Computer Integrated Manufacturing, auf deutsch: computerintegrierte Produktion. Lauf einer Definition des Ausschusses für wirtschaftliche Fertigung (AWF) beschreibt CIM den integrierten EDV-Einsatz in allen mit der Produktion zusammenhängenden Betriebsbereichen, welche im Folgenden aufgelistet werden. Hierbei soll die Integration der technischen und organisatorischen Funktionen zur Produkterstellung erreicht werden. Dies bedingt die gemeinsame Nutzung aller Daten eines EDV-Systems, auch Datenbasis genannt [12]. Die durch das Y-CIM-Model genannten Anwendungssysteme wurden hier durch einige spezielle Anwendungen bestimmter Industriezweige erweitert. Diese generieren ebenfalls Produktbezogenen Inhalt, in Form medialer Daten, und werden vorwiegend im Rahmen wissensintensiver Prozesse eingesetzt. Sie wurden hier nur beispielhaft erwähnt und erheben ebenfalls keinen Anspruch auf Vollständigkeit.

Branchenspezifische Anwendungen (Industrie)

1. Industrie
   1.1. Computer Aided Design (CAD) computergestützter Entwurf
   1.2. Computer Aided Planning (CAP) computergestützte Arbeitsplanung
   1.3. Computerized Numerical Control (CNC) computerisierte numerische Steuerung
   1.4. Computer Aided Quality (CAQ) computergestützte Qualitätssicherung
   1.5. Computer Aided Manufacturing (CAM) computergestützte Fertigung
   1.6. Computer Aided Office (CAO) computergestützte Verwaltung
   1.7. Produktions Planung und Steuerungssysteme (PPS)
   1.8. Betriebsdatenerfassung (BDE)
   1.9. Enterprise Resource Planning (ERP) Planung des Einsatzes der Unternehmensressourcen
   1.10. Spezielle Anwendungen in der Filmindustrie (Filmbearbeitung, Computergraphik, ...)
   1.11. Spezielle Anwendungen in der Musikindustrie (Digital Audio Workstations (DAW), ...)
   1.12. Spezielle Anwendungen in der (Web-) Designindustrie (Bildbearbeitungsprogramme, ...)
2. Handel (...)
3. Handwerk (...)
4. Banken und Finanzdienstleistungen (...)
5. Versicherungswesen (...)
6. Touristik (...)
7. Öffentliche Verwaltung (...)

Branchen neutrale Anwendungen

1. Systeme für Finanz- und Rechnungswesen (Buchführungssysteme, Kennzahlensysteme, ...)
2. Personalinformationssysteme (PIS)
3. Systeme zur Vertriebsunterstützung
4. Customer Relationship Management und CRM-Systeme

Querschnittsysteme

1. Büro- und Multimedia-Systeme (z.B. Office Pakete)
2. Dokumentenmanagementsysteme
3. Content Management Systeme (CMS)
4. Workflow Management Systeme (WfMS) und Workgroup Computing

Führungssysteme, Business Intelligence

1. Führungsinformationssyteme (FIS) und Enterprise Information System (EIS)
2. Data Warehouse
3. Data Mining
4. Planungssysteme
5. Balanced Score Card (BSD)

Zwischen- und überbetriebliche Systeme

1. Electronic Data Interchange (EDI)
2. Supply Chain Management (SCM)

Hier wird ein Beispielsprozess ausgewählt und dieser auf das dabei benötigte Wissen und die dabei anfallenden Dokumentarten überprüft. Im Ergebnis sollten gängige Datentypen Erwähnung finden und deren Besonderheiten im Kontext des Prozesses hervorgehoben werden. Als Beispiel dient die Angebotserstellung. Doch vorerst sollte ein Überblick über gängige Datentypen geboten werden.

Klassifizierung von Datentypen

Die Abdeckung der Geschäftsprozesse, welche durch die IT unterstützt werden, nimmt immer mehr zu [13]. Dies führt unter anderem dazu, dass sich die Anzahl der Anwendungssysteme stetig erhöht, mit deren Hilfe ihren Nutzern entweder neue Funktionalität geboten, oder bestehende erweitert wird. Hierbei können neue Datentypen erforderlich werden, falls die bestehenden den aktuellen Anforderungen, welche durch neue Funktionalität dazukommen, nicht mehr genügen. Es ist aber auch möglich, dass vorhandene Daten, gegebenenfalls durch Transformation, importiert oder geladen und weiterverwendet werden. Die Form, in welcher die Daten gespeichert werden, kann demnach auch bei der Verwendung bereits beschaffener Daten durch Änderung der mit den Daten arbeitenden Programmen variieren. Abgesehen von diesem permanenten Wandel haben sich im Laufe der Zeit verschiedene Datentypen und Datenstrukturen als besonders gut geeignet für bestimmte Zwecke erwiesen. Diese sind in leicht abweichender, den jeweiligen Bedingungen, wie Programmiersprache und der verwendeten Systemarchitektur, angepasster Form, auf den meisten IT-Systemen besonders häufig vertreten. Ein Beispiel hierfür ist der Datentyp Integer (int), welcher ganzzahlige Zahlen darstellt und in nahezu unveränderter Form auf fast allen IT-System wieder zu finden ist.

Allgemeiner Klassifizierungsansatz von Datentypen

Allgemein betrachtet existiert eine Vielzahl an unterschiedlichen Datentypen, welche für die Erfüllung von bestimmten Aufgaben angepasst worden sind. Zum einen ist die Anpassung nötig, um Speicher Ressourcen durch Vorgabe von Strukturen möglichst optimal auszunutzen. Zum anderen müssen die Datentypen in der Lage sein, eine Klasse von Informationen zu speichern ohne dabei einen vorgegebenen Wertebereich zu verlassen. Die Anpassung ist nur in begrenztem Rahmen möglich, denn sie setzt genaue Kenntnis über die Wertebereiche, die während der Bearbeitung einer Aufgabe auftreten können, voraus. Sollte die Einschränkung des Wertebereichs im Vorfeld unerwünscht sein, dann kann man auch von dynamischen Datenstrukturen Gebrauch machen. Für den Zugriff auf die in einem Datentyp gespeicherten Daten muss die Datenstruktur über Operationen verfügen, welche diesen ermöglichen. Die Datentypen weisen Unterschiede bezüglich der Möglichkeit gewisse Informationen in sich aufzunehmen, wie auch der darauf zulässigen Operationen und deren Effizienz, auf. Die richtige Wahl einer passenden Datenstruktur ist somit für das Gelingen und die Effizienz des Datenhandlings von essentieller Bedeutung. Ein in der Literatur oft zitiertes Beispiel (siehe [14]) ist die Möglichkeit einer Rückwärts-Suche innerhalb eines Telefonbuches. Es ist einleuchtend, dass das Telefonbuch auf die Suche von Telefonnummern zu bestimmten Namen optimiert wurde, während die anders gerichtete Fragestellung, welcher Name einer Telefonnummer zugeordnet ist, einen nicht unerheblichen Aufwand verursacht. Hierbei wäre die Datenstruktur in Form eines Telefonbuches für die Rückwärts-Suche demnach ineffizient, obgleich die nötigen Informationen innerhalb dieser aufgenommen werden können. Würde man somit den Datentyp Telefonbuch als eine Zuweisung von Telefonnummern zu Namen auffassen und dieses nach Namen sortiert speichern, dann wäre noch eine effiziente Sortierung nach Telefonnummern Voraussetzung um die Operation der Rückwärts-Suche in die Datenstruktur aufnehmen zu können. Andere Datentypen sind unter Umständen effizienter oder speichern andere Daten als Zeichenketten. Es gibt Datentypen, die nur Auskunft über andere Daten verschaffen und als Metadaten bezeichnet werden. Andere nehmen wiederum die Informationen über die Anordnung und Farbe von Pixeln in Form von Bildern in sich auf. Noch andere dienen der Rekonstruktion einer Wellenform, um Musik oder Gesprochenes zu speichern. Wiederum andere kombinieren die beiden, um z.B. Videos aufbewahren zu können. Nachfolgend werden gängige Datentypen aufgelistet, die so oder in etwas abweichender Form auf sehr vielen Systemen vorhanden sind.

Aufzählung gängiger Datentypen und Datenformate

Auf der obersten Ebene wurde eine Gruppierung in Metadaten, elementare, zusammengesetzte und abstrakte Datentypen vorgenommen.

Die erste Gruppe bilden die Metadaten, denn diese beziehen sich stets auf andere Daten und beschreiben deren Eigenschaften, welche nicht in der Ausprägung der Attribute der eigentlichen Daten Platz gefunden haben. Die nächste Gruppe bilden die elementaren Datentypen, welche in der Literatur auch als primitive Datentypen bezeichnet werden [15]. Diese Datentypen zeichnen sich durch einen fest vorgegebenen Wertebereich aus, welcher nach einfachem (der gesamte Wertebereich stellt einen Wert dar) Schema interpretiert wird. Die elementaren Datentypen können keine weiteren Datentypen in sich aufnehmen. Erst durch die Möglichkeit der Verschachtelung von Datentypen kann die Komplexität von Objekten der realen Welt hinreichend nachgebildet werden. In der Literatur werden zusammengesetzte Datentypen ebenfalls als aggregierte oder auch komplexe Datentypen bezeichnet. Ferner werden zusammengesetzte Datentypen aus der objektorientierten Sicht auch als Objekte bezeichnet. Diese Datentypen bilden die dritte Ebene der Gruppierung. Die zusammengesetzten (komplexen) Datentypen können in einer abstrakten Form hinterlegt werden. Diese bilden die vierte Ebene der Gliederung. Dabei werden die Operationen einer Datenstruktur nur namentlich mit deren Operanden und Rückgabewerten vorgegeben. Damit wird nur der Rahmen eines Objektes durch die Vorgabe einheitlicher Attribute und Operationen vorgegeben, wie diese jedoch realisiert werden, wird bewusst offen gelassen. Auf der zweiten Aggregationsebene findet eine feingranularere Aufteilung statt. Unterhalb dieser Ebene werden dann die tatsächlichen Datentypen in Klammern als Beispiel aufgelistet, teilweise unter Angabe zusätzlicher Informationen.

Die Auflistung und Gruppierung geschah in Anlehnung an die Programmiersprache Java, ist aber dennoch als Programmiersprachen unabhängig zu verstehen. Die genauen Bezeichnungen in anderen Programmiersprachen können deshalb variieren. Die Begriffe Datentypen und Datenformate werden ferner im Rahmen dieser Seminararbeit teils synonym verwendet, da Datenformate i.d.R. einen komplexen Datentypen definieren.

I. Metadaten:

A. Beschreibung Primitiver oder Zusammengesetzter Datentypen. Daten über Daten.

II. Elementare Datentypen:

A. Flags:
   1. Wahrheitswerte (boolean)

B. Zahlen:
   1. natürliche Zahlen (short, int, long, ...)
   2. reale Zahlen (real, double, float, …)

C. Zeichen:
   1. Character (einzelne Symbole)

III. Zusammengesetzte Datentypen - Objekte

A. Zeichenketten (String, Prüfsumme, ...)

B. Referenzen
   1. Referenzen auf Dateien (Verknüpfung, URL [16], URI [17], IRI [18], Dateiname [19], Dateipfad (Pfadname) [20], Netzwerkpfad [21], ...)
   2. Referenzen auf Internetstandards (Internet Media Type (MIME), ASCII [22], ...)
   3. Referenzen auf Zeitpunkte / Zeiträume (dateTime [23], vCalendar [24], iCalendar [25])
   4. Fremdschlüssel und andere Relationen innerhalb von Datenbanken
   5. Pointer

C. Wrapper (Erweiterung primitiver Datentypen zu Objekten z.B. Integer statt int)

D. Collections
   1. Arrays
   2. Listen (Vector, Linked List, ...)
   3. Maps (Hashmap, ...)
   4. Tables (Hashtable, ...)
   5. Heaps
   6. Stacks
   7. Queues
   8. Bäume (JTree, B-Baum, R-Baum,...)
   9. Graphen
   10. Archive (ZIP, RAR, TAR, ...)
   11. Partitionen
   12. Datenbanken

E. Medien
   1. Bilder (JPG, PNG, BMP, GIF, ...)
   2. Musik (WAV, AIF, MP3, AAC, MIDI, ...)
   3. Video (MPG, AVI, MP4, MOV, WMV ...)
   4. Animationen (FLASH, GIF, HTML5...)

F. Dokumente
   1. Text Dokumente (TXT, RTF, DOC, DOCX, ODT, PAGES, ...)
   2. Tabellenkalkulation Dokumente (XLS, ODS, NUMBERS, ...)
   3. Transport Dokumente (XML, HTML, PDF, SVG, CSV, Reports, Formulare, ...)
   4. Präsentationen (PPT, ODP, KEY, ...)
   5. Geometrische Zeichnungen (CAD, ...)
   6. Softwareentwürfe (UML, SQL, Scripte, Makros, DTD, Quelltexte, Ontologien, ...)
   7. Arbeitspläne
   8. Stücklisten

IV. Abstrakte Datentypen

A. Schnittstellen
   1. Application Programming Interface (API)

Diese Liste erhebt keinen Anspruch auf Vollständigkeit, viel mehr spiegelt sie die subjektive Erfahrung des Verfassers in Puncto gängiger Datentypen wieder. Eine Möglichkeit der Klassifizierung ist hier bereits durch die dargestellte Gruppierung vorgenommen worden. Eine weitere denkbare Klassifizierung wäre z.B. die Aufteilung in statische und dynamische Datentypen. Anschliessend könnte man die statischen Datentypen noch nach der für die jeweiligen Datentypen typische Bitlänge (Größe) klassifizieren und den syntaktischen Aufbau, also die Funktion der einzelnen Bits innerhalb des Datentyps, betrachten. Ferner existieren Standards wie das Internet Media Type (MIME) zur Klassifizierung von Austauschformaten, auf welches bei der Analyse textueller Dokumente detaillierter eingegangen wird. Dieser Standard ähnelt der aufgeführten Gruppierung, betrachtet jedoch nur Datentypen, welche üblicherweise durch E-Mail ausgetauscht werden und deckt somit weitgehend die Felder III.E und III.F ab, lässt jedoch die anderen Felder weitgehend ausser Acht. Es sind auch noch zahlreiche weitere Klassifizierungsmerkmale denkbar, wobei jedoch diese stets vom Betrachtungswinkel und somit dem Grund der Klassifizierung abhängen. Im Rahmen dieser Seminararbeit soll der Fokus auf den Betrachtungswinkel der wissensintensiven Prozesse gelegt werden, welcher im Folgenden erörtert wird.

Klassifizierungsansatz mit wissensintensivem Prozessbezug

Im Rahmen der Betrachtung wissensintensiver Prozesse gilt ein besonderer Augenmerk den Dokumenten, denn diese Datentypen können ihrerseits alle anderen Datentypen in sich beherbergen. Ferner dienen die Dokumente in erster Linie der Konservierung kompletter gedanklicher Strukturen und somit auch des Wissens. Es bietet sich deswegen auch ein alternativer Blickwinkel auf die Strukturierung der Datenklassifizierung an, bei welchem die Unterscheidung nach textuellen, numerischen und geometrischen Dokumenten vorgenommen wird.

Textuelle Dokumente

Als ***textuelle Dokumente (TD)*** werden nun solche Dokumente aufgefasst, die vorwiegend nur aus Text bestehen und somit Zusammenhänge beschreiben, welche aus heutigem Stand der Technik betrachtet, nur von einem Menschen ausgewertet werden können. Dies ist darauf zurück zu führen, dass noch kein geeigneter Compiler für natürliche Sprachen existiert, welcher in der Lage ist, vom Menschen verfassten, und an Menschen adressierten Inhalt zu interpretieren. Ausserdem zeichnen sie sich dadurch aus, dass sie nur schwach strukturiert sind. Ferner können diese auch Bilder oder Graphiken enthalten, welche jedoch vorwiegend als Unterstützung für den geschrieben Inhalt fungieren.

Numerische Dokumente

Als ***numerische Dokumente (ND)*** sind sowohl die üblichen Tabellenkalkulations-Dokumente wie Excel oder vergleichbare Formate aufzufassen, wie auch Zeitreihen oder andere mehrdimensionale Messgrößen, welche in tabellenähnlicher Form Zahlen, Zustände oder andere Ausprägungen einander gegenüberstellen. Diese Dokumente können teils oder komplett computergestützt interpretiert werden, so dass sie auch als Eingabe oder Ausgabe anderer Anwendungen auftreten können. Ferner können diese ebenfalls um Graphiken erweitert werden, wobei diese weitestgehend im kausalen Zusammenhang mit den in ihnen enthaltenen Daten stehen.

Geometrische Dokumente

Als ***geometrische Dokumente (GD)*** werden schließlich Dokumente betrachtet, welche Zusammenhänge hierarchisch, sequentiell oder anderweitig ordnen und/oder sichtbar machen. Diese Art von Dokumenten tritt besonders dann in Erscheinung, wenn der Aufbau oder der Ablauf beschrieben werden muss. Sofern diese Dokumente bestimmte strukturelle Anforderungen erfüllen, sind sie durchaus für maschinelle Bearbeitung verwertbar und können somit ebenfalls als Eingabe oder Ausgabe einer oder mehreren Anwendungen fungieren. Als typische Vertreter dieser Gattung sind Stücklisten, Gozintographen, Arbeitspläne, UML-Diagramme sowie maschinelle Zeichnungen (CAD) aufzufassen.

Im folgenden Kapitel werden die komplexen Datentypen eines wissensintensiven Beispielsprozesses identifiziert. Bei diesem werden zahlreiche Dokumente auftreten und somit im Kontext der komplexen Datenstrukturen auch die weniger komplexen und primitiven Datentypen hinreichend beschrieben und analysiert werden können.

Analyse von Datentypen wissensintensiver Prozesse

Beispiel: wissensintensiver Prozess - Angebotserstellung

Das folgende Beispiel ist mit freundlicher Genehmigung aus der Diplomarbeit von Christian Lütke Entrup entnommen [26].

Eine Angebotserstellung beginnt mit einer Anfrage, bei welcher zunächst entschieden werden soll, ob überhaupt ein Angebot hierzu erstellt werden kann. Ist dies der Fall, so muss zunächst die technische Kalkulation durchgeführt werden. Anschließend kann basierend auf technischem Entwurf ein Kostenvoranschlag unter Berücksichtigung der vorhandenen oder zu beschaffenden Kapazitäten für das Produkt generiert werden, welcher sich aus betriebswirtschaftlicher Kalkulation samt Zuschlagskalkulation zusammensetzt. Entlang des Prozesses werden zahlreiche Dokumente aufgerufen und erstellt sowie auf Datenbanken zugegriffen. Schauen wir uns zunächst den Prozess genauer an:

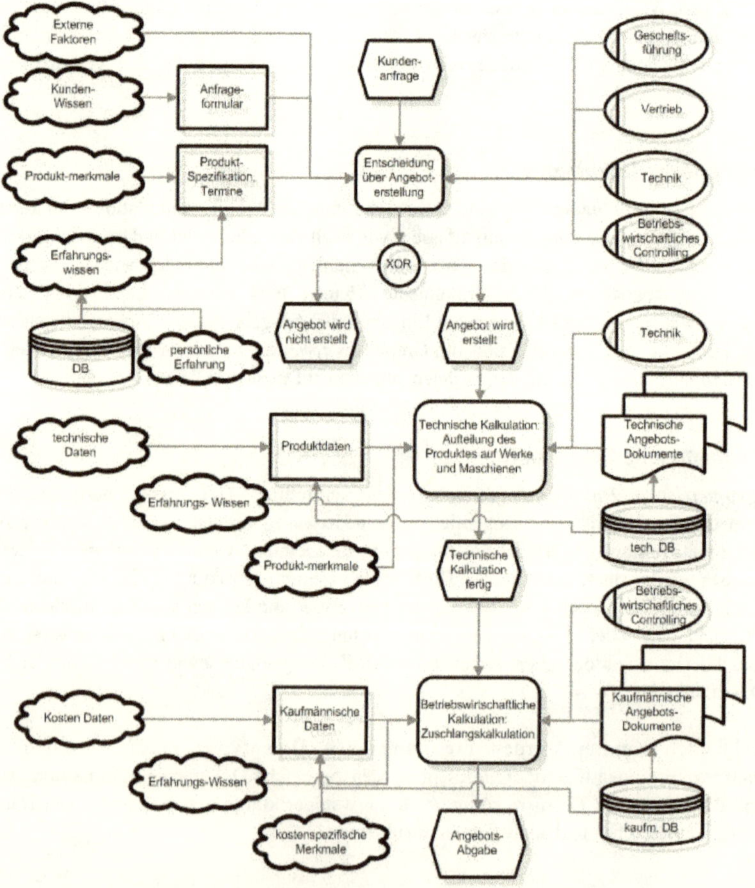

Abbildung 2: Ereignisgestreute Prozesskette (EPK) - Angebotserstellung

Das am Prozess beteiligte explizite Wissen wird in Form von Dokumenten oder Datenbankabfragen, welche wiederum i.d.R. auch als Reports exportiert werden können, wodurch sie ebenfalls den Dokumenten zugeordnet werden können, zugreifbar gemacht. Das implizite Wissen wirkt sich entweder direkt auf die Entscheidungen aus oder wird in Form von Dokumenten explizit nutzbar gemacht. Im ersten Fall können keine relevanten Dokumentarten hierfür angegeben werden. Die folgenden Tabellen fassen die bei dem Prozess erforderlichen und generierten Dokumente und Wissen zusammen und weisen diese den Darstellungsmustern des EPK, sowie den oben vorgeschlagenen Klassifizierungskategorien zu. Verweise auf oben genannte gängige Datentypen werden in eckigen Klammern angegeben.
Die Produkte der Office Suite von Microsoft (MS Office) stellen bekannte Vertreter der jeweiligen Gattungen von Textverarbeitungs-, Tabellenkalkulations- und Präsentations-Dokumenten dar. Diese werden hier, aufgrund ihrer weiten Verbreitung, stellvertretend für die jeweilige Gattung aufgeführt.

Darstellung	***Dokument (e)***	***Daten***	***Kategorie***	***Wissen***
Externe Faktoren	Reports, Excel, Text, Word, Webseiten, Artikel, Kalender	Verhältnis zum Kunden, Marktpreise, aktuelle innerbetriebliche- und Markt-Situation, Kapazitätsauslastung	TD, ND	Implizit, Explizit
Kundenwissen				Implizit
Anfrageformular	Formular, Word, Text, PowerPoint, PDF	Kundendaten, Terminwünsche, Mengenangaben	TD	Explizit
Produktmerkmale	Stücklisten, Text, Arbeitspläne, CAD, Word, Excel, PDF	Material, Größe, Gewicht, Qualität, Beschaffenheit	TD, ND, GD	Implizit, Explizit
Produktspezifikation, Termine	CAD, Word, Excel, PDF, Kalender	Erfahrungswissen, Produktmerkmale, Termine	TD, ND, GD	Explizit
Erfahrungswissen	Reports, Kalender, FAQ, Text	ähnliche Aufträge, Zeit, Probleme	TD, ND, GD	Implizit, Explizit
DB	Reports		TD, ND, GD	Explizit
Pers. Erfahrung				Implizit
Technische Daten	CAD	3D Modell des Endproduktes	GD	Explizit
Technische DB	Reports		TD, ND, GD	Explizit
Technische Dokumente	CAD, Word, Excel, PDF		TD, ND, GD	Explizit
Kosten Daten	Charts, Kostenstellen-Kostenträgerrechnung, BAB, KLR	Zuschlagssätze, Material-, Einzelteil-Arbeits-, Transport-Kosten	ND	Explizit
Kaufmännische DB	Reports		TD, ND, GD	Explizit
Kaufmännische Dokumente	Excel , Text, Buchführung, KLR		TD, ND, GD	Explizit
Kostenspezifische Merkmale	Reports, Excel, Word, Webseiten, Artikel, Kalender, Text	Marktpreise, Rabattinformation, Zuschlagssätze	TD, ND	Explizit

Tabelle 1: Wissen und Dokumente bei Angebotserstellung (Input)

Darstellung	Dokument (e)	Daten	Kategorie	Wissen
Entscheidung über Angebotserstellung	ggf. Protokoll, Text, Word	Zustimmung oder Ablehnung	TD	Implizit, Explizit
Angebot wird erstellt	Word, Text, Kalender, PowerPoint, DB-Einträge	Angebot, Termine, Provisionen, zugewiesene personelle Ressourcen, Erstellung eines Projekts	TD	Implizit, Explizit
Technische Kalkulation	Stückliste, Arbeitsplan	Benötigte Materialien, Einzelteile, zeitliche Abfolge der Arbeitsschritte,	TD, ND, GD	Implizit, Explizit
Technische Kalkulation fertig	CAD, Stückliste, Arbeitsplan		GD	Implizit, Explizit
Kaufmännische Kalkulation	Word, Excel, Text, DB-Einträge	ggf. Investitionsvorhaben	TD, ND	Implizit, Explizit
Angebotsabgabe	Word	Angebot	TD	Explizit

Tabelle 2: Wissen und Dokumente bei Angebotserstellung (Output)

Analyse von Datentypen textueller Dokumente

Im folgenden wird auf die Dokumentarten genauer eingegangen. Zur Bearbeitung einer Angebotserstellung konnten hier folgende textuelle Dokumenttypen identifiziert werden. Als Input:

- *Text, Word, PowerPoint, PDF, Webseiten, Artikel, Kalender, Reports, Formulare*

Auf der Output Seite werden folgende Dokumentarten generiert:

- *Protokolle, Text, Word, PowerPoint, Kalender, DB-Einträge*

Dokumentformate - Textverarbeitung: Text

Die einfachste und schnellste Möglichkeit zur Erfassung von Text auf einem Computer besteht im Anlegen einer neuen ***Textdatei*** [III.F.1] und Füllung dieser mit Text. Das Anlegen wie die Eingabe des Textes in eine bestehende Textdatei ist sowohl über Kommandozeilen Interpreter wie auch graphische Editoren möglich. Geschichtlich betrachtet sind die Texterfassungsprogramme in Form einfacher Texteditoren älter als WYSIWYG [27] Textverarbeitungsprogramme, welche über das bloße Erfassen, Speichern und Drucken von Text hinaus noch zahlreiche Möglichkeiten zu deren Formatierung und Einbindung von Multimedia Objekten, insbesondere Tabellen und Graphiken (siehe Textverarbeitung), bieten. Mit der Verabschiedung des **ASCII** Formates im Jahr 1967 als ISO 646 Standard, welches einen genormten Zeichensatz definiert, wurde ein Grundstein auf dem Weg zu austauschbaren Formaten gelegt. Das ASCII Format ist eine Zuordnung von 33 nicht-druckbaren Steuerzeichen und 95 druckbaren ***Zeichen*** [II.C.1], welche gemeinsam mit 7 Bit codiert werden und weltweit gleich sind. Unter Hinzunahme des weiteren Bits eines Bytes erhält man Raum (wieder 128 Zeichen) für länderspezifische Zeichen wie z.B. die deutschen Umlaute [22, 28, 29]. Mittlerweile existieren ebenfalls andere Standards wie der, unter Microsoft (MS) Windows verwendete, **ANSI Zeichensatz** [30] sowie das immer mehr verbreitete **UniCode** [31]. In einfachster Form können Textdateien als eine lineare Folge von Zeichen, welche mit einen der oben genannten Verfahren codiert werden, betrachtet werden. Dabei bewirken die Steuerzeichen einfache, von einer Schreibmaschine bekannte, Operationen wie Zeilenumbruch, Tabulator oder sogar die Simulation eines Wagenrücklaufs. In erweiterter Form können Textdateien im ***Rich Text Format (RTF)*** [III.F.1] gespeichert werden, welches weitere Anweisungen zu Formatierung des Textes wie die kursiv Stellung oder Fettschrift bis hin zur Einbettung medialer Inhalte ermöglicht [32].

Dokumentformate - Textverarbeitung: Word oder ähnliche Dokumente

MS Word ist ein bekannter Repräsentant eines Textverarbeitungsprogramms und Bestandteil des weit verbreiteten Büropakets MS Office-Suite. Das Datei-Format der Programme dieser Suite war bis zum 15. Februar 2008 [33] unveröffentlicht (geschlossen) und somit von anderen Textverarbeitungsprogrammen zu mindestens nicht im vollen Umfang nutzbar. Die proprietäre Haltung vereinzelter Hersteller (mit Microsoft an der Spitze) regte ein starkes Interesse der Öffentlichkeit an einheitlichen Dateiformaten. Einerseits wollte man den Austausch von Textverarbeitungs-Dokumenten erleichtern, andererseits die Wahrscheinlichkeit erhöhen, die Dokumente auch noch nach Jahren ohne Zusatzsoftware bearbeiten zu können. Das Ergebnis der Bemühungen um ein gemeinsames und einheitliches Dokumentformat, mit Microsoft als an der Festlegung und Nutzung Teilnehmenden Marktführer, mündete in der Verabschiedung des ***Office Open XML*** Dateiformats, welches als ISO/IEC 29500:2008 Standard am 19. November 2008 veröffentlicht wurde [34]. Es erhielt die Dateiendung [*.docx] [III.F.1] in Anlehnung an das weiterarbeitete Format von Microsoft [*.doc] [III.F.1]. Dies war die zweite Veröffentlichung eines offenen Dokument-Formates. Die erste Veröffentlichung fand bereits zwei Jahre zuvor statt und wurde als ISO/IEC 26300:2006 *„Open Document Format for Office Applications“* v1.0 (***OpenDocument***) standardisiert mit der Dateiendung [*.odt] [III.F.1] für Textverarbeitungsprogramme [35]. Dieses Format wurde von Sun Microsystems entwickelt und entstammt einem MS Office nahezu ebenbürtigen, und kostenlosen Rivalen: Open Office, welcher als Oxygen Office [36], ebenfalls kostenlos, oder Star Office [37] (eingeschränkt kostenpflichtig) erhältlich ist. Ferner wurde am 02. Dezember 2008 von dem IT-Rat der Bundesregierung ein Vorschlag zur schrittweisen Einsetzung des OpenDocument Formats eingebracht, obgleich der IT-Rat die Entwicklung weiterer Dokumentformate, insbesondere des Office Open XML Formats, beobachtet und deren Einsatzmöglichkeiten prüft [38]. Da es sich bei MS Word [*.doc] [III.F.1] jedoch um ein weitgehend proprietäres Dateiformat handelt, auch wenn dieses nachträglich am 15. Februar 2008 veröffentlicht wurde, wird der interessierte Leser auf die offizielle Beschreibung verwiesen [39]. Im Rahmen dieser Arbeit wird statt dessen auf open source Alternativen genauer eingegangen. Office Open XML und Open Document basieren auf *Extensible Markup Language (XML),* weshalb dieses hier erläutert wird.

Exkurs: Dokumentformate - Transport Dokumente: XML

Das *XML* Format [III.F.3] zeichnet sich dadurch aus, dass es sowohl für den Menschen wie auch für die Computer lesbar ist. Dies fördert ebenfalls die oben aufgeführte Anforderung der Langlebigkeit der Dokumente, da deren Inhalt, auch ohne Zusatztools, der XML Datei entnommen werden kann. Möglich macht es der Aufbau der XML Dokumente, denn sie unterscheiden sich im Grunde nicht von einer Textdatei, welche wie oben aufgeführt, mit jedem Texteditor geöffnet und bearbeitet werden kann.

„XML-Dokumente sind aus Speicherungseinheiten aufgebaut, genannt Entitäten, die entweder analysierte (parsed) oder nicht analysierte (unparsed) Daten enthalten. Analysierte Daten bestehen aus Zeichen, von denen einige Zeichendaten und andere Markup darstellen. Markup ist eine Beschreibung der Aufteilung auf Speicherungseinheiten und der logischen Struktur des Dokuments. XML bietet einen Mechanismus an, um Beschränkungen der Aufteilung und logischen Struktur zu formulieren.“ [40]

Diese offizielle Beschreibung des World Wide Web Konsortiums (W3C) benutzt den Begriff der ***„Entitäten“*** welcher einen ontologischen Sammelbegriff für alles Existierende darstellt. Das Konzept der Entitäten entspricht weitgehend dem Konzept von Objektinstanzen. Diese können jeweils klassifiziert werden und verfügen, innerhalb einer Klasse, über gleiche Attribute und Funktionen. Die Identität einzelner Objektinstanzen lässt sich an unterschiedlichen Ausprägung ihrer Attributwerte festmachen. Diese Attributwerte sind die eigentlichen Daten, welche es zum Speichern gilt um den Zustand eines, zur Laufzeit einer Anwendung, existierenden Objektes rekonstruieren zu können. Die offizielle Beschreibung referenziert die zu speichernden Daten als Zeichendaten und deren Struktur, welche aus der objektorientierten Sicht i.d.R. der Klassenstruktur der Objekte entspricht und bei imperativer Programmierung eine der Objektorientierung ähnliche Abstraktion erfordert, referenziert die Beschreibung als Markup. Unter Markup versteht man spezielle, definierte Zeichenketten, welche Metainformationen über die ihnen folgenden Zeichenketten enthalten. Diese Metainformationen werden i.d.R. als Tags bezeichnet. XML speichert die strukturellen Informationen in Form von ineinander verschachtelter Tags. Jeder Tag eröffnet die Deklaration einer neuen Entität, welche wiederum mit Attributen versehen werden kann. Zu jeden eröffnenden Tag muss auch ein korrespondierender Schlusstag vorhanden sein oder dieser noch bei der Deklaration geschlossen werden, wenn er keine weiteren Entitäten aufnehmen soll. Die Beschreibung geht ferner auf einen Mechanismus zur logischen Formulierung von Beschränkungen ein, welcher dafür sorgt, dass die XML Dateien grammatikalische Voraussetzungen einhalten. Die Grammatik kann optional in einer ***Dokumenttypdefinition-Datei*** (DTD) [III.F.3] abgelegt und bei Zugriffen auf die XML Datei zum Validieren herangezogen werden. Es besteht jedoch auch die Möglichkeit, dem Inhalt der DTD auch direkt in den XML Dokumenten anzugeben. Die Festlegung der Grammatik innerhalb einer DTD erfolgt mittels ***Document Schema Definition Languages*** (DSDL), welche zwar ein Bestandteil der XML Spezifikation sind, jedoch von der Syntax der eigentlichen XML Dokumente signifikant abweichen. Die strukturelle Beschreibung kann auch mit anderen Mitteln angegeben werden, welche den Vorteil der Nutzung derselben, wie der XML zugrunde liegenden Syntax, bieten. Das ***XML Schema*** des W3C [41] sowie Regular Language Description for XML New Generation (***RELAX NG***) [42] sind zwei nennenswerte Alternativen zu DTD. Ferner existiert eine Reihe von Tools wie XPath [43] und speziellen Abfrage Sprachen wie XQuery [44], mit deren Hilfe Teilmengen der XML-Dokumente gezielt selektiert werden können und anschließend in eine andere Form transformiert werden können. Diese andere Form kann beispielsweise eine bereits geschilderte Textdatei [III.F.1] sein oder auch vorzugsweise ein HTML-Dokument [III.F.3], auf welches später im Rahmen dieses Kapitels eingegangen wird.

Im Folgenden wird der interne Aufbau des OpenDocument Formates beleuchtet. Eine ausführliche Beschreibung würde den Rahmen dieser Seminararbeit sprengen, weshalb der interessierte Leser für weitere Details auf die offizielle Spezifikation verwiesen wird [45]. Aus dieser Spezifikation werden im Folgenden relevante Ausschnitte präsentiert. Jedes OpenDocument kann aus folgenden Elementen bestehen:

1. Dokument Wurzel (Document Roots)
2. Dokument Metadaten (Document Metadata)
3. Rumpf Elemente und Dokumenttypen (Body Element and Document Types)
4. Anwendungseinstellungen (Application Settings)
5. Skripte (Scripts)
6. Deklarationen der Font Faces (Font Face Declarations)
7. Stile (Styles)
8. Seiten Stile und Layouts (Page Styles and Layout)

Die Elemente können jeweils aus weiteren Elementen zusammengesetzt sein und außerdem eigene Attribute enthalten. Ferner sind diese Elemente in allen OpenOffice Anwendungen gegeben, unabhängig davon, ob es sich dabei um Textverarbeitung, Tabellenkalkulation oder ein Präsentationsprogramm handelt. Im Folgenden wird genauer auf die Elemente eingegangen:

1. **Dokument Wurzel (Document Roots)**
   <office:document>

Die Dokument Wurzel [45] S.40 ist das primäre Element eines Dokumentes, welches zwecks Verschachtelung mehrerer Dokumente, ebenfalls eine Kollektion (Collection) [III.D] von mehreren Dokumenten sein kann. Ein vollständiges Dokument besteht aus Metadaten [I.A], Skripten [III.F.6], Anwendungseinstellungen, Deklaration der verwendeten Fonts, Automatischen Stilen, Haupt Stilen und dem Hauptteil also dem Rumpf des Dokumentes. Es gibt auch definierte Wurzel Elemente, welche sich durch spezielle Teilmengen der aufgeführten Elemente unterscheiden. Das Wurzelelement ist dadurch auch ein komplexer Datentyp, denn es kann alle später beschriebenen Elementen in sich aufnehmen. Es kann ausserdem mit Attributen versehen werden. Zu diesen Attributen zählt die Version und der MIME Typ [46, 47] [III.B.2]. Dem MIME Typ sollte an dieser Stelle besondere Beachtung geschenkt werden, denn dieser bietet einen geläufigen Mechanismus zur Bestimmung des Daten- bzw. Dokumenttyps.

Exkurs: Referenzen - Standard Referenz: Internet Media Type (MIME)

Der MIME-Type (auch Content-Type genannt) klassifiziert die Daten im Rumpf einer Nachricht durch Angabe eines Medientyps und eines Subtyps. Beide zusammen bieten schon hinreichend viele Informationen über sowohl eine Medien-Klassenzugehörigkeit, wie auch die genaue Ausprägung. Damit kann die passende Vorgehensweise zur Darstellung der Nachricht ermittelt werden. Die Ausprägungen sind meist in Form eines Dateiformats wie z.B. jpeg angegeben, wie auch schon in den Kapitel 2.2 „Aufzählung gängiger Datentypen“ dies gehandhabt wurde. Die von MIME definierten Medientypen sind:

Medientyp	***Erfasste Dateiformate***	***Kap. 2.2***
text	Textdateien	[III.F.1]
image	Bilddateien	[III.E.1]
video	Videodateien	[III.E.3]
audio	Musik bzw. Audiodateien	[III.E.2]
application	uninterpretierte binäre Daten, Mischformate oder Informationen, die von einem bestimmten Programm verarbeitet werden sollen	[III.F.6]
multipart	mehrteilige Dateien	[III.D.10]
message	Nachrichten	[III.F.1]
model	für Daten, die mehrdimensionale Strukturen repräsentieren	[III.F.4-7]
example	Beispiel-Medientyp für Dokumentationen	[III.F.1-3]

Tabelle 3: MIME Medientypen und deren Repräsentanten im Kapitel 2.2

Zu den Medientypen sind zur Zeit über 130 Ausprägungen in Form konkreter Datentypen von der Internet Assigned Numbers Authority (IANA) [48, 49] definiert.

2. **Dokument Metadaten (Document Metadata) <office:document-meta>**

Das OpenDocument Schema unterscheidet zwischen vordefinierten, benuzerdefinierten, und uneingeschränkten Metadaten [45] S.43. Die vordefinierten Metadaten zeichnen sich durch definierte Semantik aus. Ferner können diese, unter Einsatz geeigneter Textfelder, innerhalb des Dokumentes referenziert werden. Benutzerdefinierte Metadaten werden durch einen Mechanismus spezifiziert der aus einem Tripel aus Namen, Datentyp und Wert besteht. Diese können ebenfalls innerhalb des Dokuments referenziert werden. Anders ist es bei uneingeschränkten (custom) Metadaten. Diese können nicht referenziert werden, da ihre Semantik keinen Bestandteil der Spezifikation darstellt. Sie werden aber von der Applikation unverändert gelassen.

3. **Rumpf Elemente und Dokumenttypen (Body Element and Document Types) <office:document-content>**

Der Dokumentrumpf [45] S.44 enthält ein Element zur Prüfung, welcher Inhalt in dem Dokument enthalten ist. Unterstützte Dokumenttypen sind:

- Text Dokumente (TD)
- Zeichnungen (GD)
- Präsentationen (TD)
- Tabellenkalkulation (ND)
- Chart Dokumente (GD auf Basis von ND)
- Bild Dokumente (GD)

Das OpenDocument Format stellt ein einheitliches Format für die gesamte Office Suite dar. Da die einzelnen Bestandteile anderen, als der textuellen, Kategorien zuzuordnen sind, werden diese später unter Rückgriff auf diese Beschreibung nochmals aufgegriffen. Alle Dokumenttypen teilen sich ein gemeinsames Inhalts-Element, gehen mit diesen aber unterschiedlich um. Die einzelnen Programme der Office Suite sind dadurch in der Lage die Inhalte untereinander zu transferieren z.B. eine mit einen Tabellenkalkulationsprogramm erstellte Tabelle kann im Textverarbeitungsprogramm importiert werden. Die einzelnen Programme stellen jedoch unterschiedliche Anforderungen hinsichtlich der Darstellung und Kombination mit anderen Elementen. Der Dokumentinhalt wird ferner von einem Prolog eingeleitet und von einem Epilog beendet. Diese können noch weitere Informationen zu den jeweiligen Datentypen enthalten.

Ein Textdokument besteht aus einer Sequenz aus beliebig vielen Paragraphen (mit Überschriften), Tabellen, Text Rahmen, Text Sektionen (mit Indizes) und graphischen Elementen. Alternativ kann ein Textdokument ebenfalls aus einer Folge von Seiten bestehen. Ebenfalls ist es nicht nötig, dass ein Testdokument Paragraphen enthält. Stattdessen kann auch eine Folge von Rahmenelementen (Frames) angegeben werden. Zusätzlich kann ein Textdokument Formen, Informationen über die Änderungen des Dokumentes und Variablendeklarationen enthalten. Diese werden in dem Prolog des Dokumentes deklariert und können von dem Dokument Inhalt aus referenziert werden. Die Informationen sind nötig, um Funktionalität, die sonst nur in Tabellenkalkulation Programmen zu Verfügung steht, auch in anderen Anwendungen einer Office Suite anbieten zu können. Dazu zählt z.B. die erweiterte Funktionalität im Umgang mit den Tabellen.

Ferner können große Dokumente in Form separater Entitäten gespeichert und über ein gemeinsames globales Dokument zusammengefügt werden.

4. Anwendungseinstellungen (Application Settings) <office:settings>

Die Einstellungen einer Office Anwendung, beispielsweise Ansichtseinstellungen wie Zoom oder Dokumenteinstellungen wie der Standarddrucker, können gruppiert und jeweils einer Kategorie <config:config-item-set> gespeichert werden [45] S.50. Die Kategorie stellt eine Collection (Menge) [III.D] von gleichartigen Einstellungen dar. Jede Einstellung besitzt einen Namen, und einen Typ (vorwiegend elementaren Datentyp) [II]. Auf die an dieser Stelle definierten Datentypen wird nach einem kurzen Beispiel genauer eingegangen. Ein gültiger Eintrag wäre beispielsweise:

```
<config:config-item  config-name="Zoom"
                     config-type="int">100</config:config-item>
```

Dieser Eintrag könnte dann einen <config:config-item-set> mit der Bezeichnung <config:name= "Ansichtseinstellungen"> über Verschachtelung zugeordnet werden. Die Verwendbaren Datentypen werden im Folgenden beschrieben, diese sind:

1. boolean [II.A.1]
2. short [II.B.1]
3. int [II.B.1]
4. long [II.B.1]
5. double [II.B.2]
6. string [III.A.1]
7. datetime [III.B.3]
8. base64Binary [III.E]

Exkurs: Elementare Datentypen und String

Die ersten sechs Datentypen stellen einen festen Bestandteil der Programmiersprache Java dar und sind, bis auf string, elementar. Die Datentypen der OpenDokument Spezifikation beruhen auf den Datentypen des XML-Schemata [45], welche wiederum sowohl an Sprachen unabhängigen Standards wie den Standards der Datenbankprogrammierung, wie SQL sowie Programmiersprachen wie Java angelehnt worden sind [50]. Der erste Datentyp „***boolean***“ ist innerhalb der Gruppierung aus dem Kapitel 2.2 der Kategorie der Wahrheitswerte zugeordnet worden. Er wird in der Literatur auch als logischer Datentyp bezeichnet [15]. Dieser besteht aus den Lateralen true und false. Da boolean nur zwei Zustände aufweisen kann, reicht ein einzelnes Bit um seinen Zustand zu speichern. Der zweite Datentyp ist „***short***“. Im Kapitel 2.2 dient er, zusammen mit den nächsten beiden Datentypen, der Speicherung **natürlicher Zahlen**. In der Literatur werden solche Datentypen auch als integrale Datentypen bezeichnet [15]. Der Wertebereich eines shorts reicht von -2^{15} bis $2^{15}-1$ und wird deshalb mit 2 Bytes, also 16 Bits kodiert. Wie bei dem allgemeinen Klassifizierungsansatz von Datentypen (Kap. 2.1) bereits erwähnt, besteht ein Trade-Off zwischen der optimalen Speichernutzung und der Flexibilität in Hinsicht auf die Größe der Wertebereiche einzelner Variablen. Sollte also davon ausgegangen werden können, dass eine Variable nie größer als 32.767 oder kleiner als -32.768 werdende Werte aufnehmen soll, so kann mit Hilfe des Datentypen short Speicherplatz eingespart werden. Ist diese Einschränkung nicht gegeben und sollte der Wertebereich somit größer gewählt werden, empfiehlt sich die Nutzung des Datentyps integer „***int***“. Dieser zeichnet sich durch die doppelte Bitlänge, gegenüber einem short aus. Dadurch reicht dieser von -2^{31} bis $2^{31}-1$ und benötigt dafür 4 Byte bzw. 32 Bits. Dadurch vergrößert sich der Wertebereich, den eine Variable annehmen kann, von -2.147.483.648 bis 2.147.483.647.

Dieser Wertebereich reicht schon für die meisten im Alltag anfallenden Mengenangaben oder sonstigen Größen aus. Besteht die Notwendigkeit noch größere natürliche Zahlen abzuspeichern, dann kann dieser nochmals verdoppelt werden. Dies entspricht dem Datentyp *„long“*, welcher -2^{63} bis $2^{63}-1$ groß ist und in etwa bis zu 19-stellige Zahlen aufnehmen kann. Sollten stattdessen **reelle Zahlen** gespeichert werden, empfiehlt sich die Nutzung einer Fließkommazahl. Die reellen Zahlen können auch als Brüche in der dezimal Schreibweise repräsentiert werden wie z.B. 1/2 als 0,5. Diese bestehen aus einer Zahl mit einer Kommastelle, welche als Mantisse bezeichnet wird. Diese Zahl kann zusätzlich mit einen Exponenten multipliziert werden, wodurch ihr Wertebereich extrem vergrößert werden kann, wobei jedoch die Genauigkeit mit steigender Größe nachlassen kann. Die Genauigkeit hängt von der Länge der Mantisse ab. Diese kann durch den Exponenten mehrmals mit 10 multipliziert oder durch 10 dividiert werden, wodurch jedoch die Addition und Subtraktion sehr großer mit sehr kleinen Zahlen einen Genauigkeitsfehler verursachen. Dieser Fehler ist darauf zurückzuführen, dass die kleine Zahl nicht mehr von der Mantisse der grossen Zahl erfasst wird. Ferner braucht die Kommastelle nicht explizit angegeben zu werden, sofern die Mantisse unter Einbeziehung des Exponenten normalisiert wird. Bei der Normalisierung wird die Kommastelle der Mantisse auf die erste Position hinter der ersten Zahl gebracht und der Exponent entsprechend korrigiert. Hierfür wird üblicherweise der Datentyp *„float“* eingesetzt oder, falls noch ein größerer Wertebereich benötigt wird, der doppelt so große ***„double“***. Die Bytelänge reicht hierbei von 4 Byte bis 8 Byte, was 16 oder 32 Bits entspricht. Somit kann ein float bis zu 38-stellige und ein double bis zu 308-stellige Fließkommazahlen repräsentieren.
Ein weiterer, weit verbreiteter elementarer Datentyp ist ***„char“*** (Abkürzung von Character) [II.C]. Dieser dient der Codierung einzelner Symbole wie Buchstaben, Ziffern, Sonderzeichen und Steuerelementen (siehe dieses Kapitel: „Textverarbeitung: Text“). Die Symbole werden entsprechend dem Unicode Standard codiert. Dies geschieht mit 2 Byte und ist somit ein Byte größer als die Codierung mit US-ASCII. Zur Bildung von Wörtern bedarf es einer Konkatenation (Aneinanderreihung) einzelner Symbole. Dies geschieht in einigen Programmiersprachen, wie beispielsweise C, durch die Speicherung einzelner Character in einem nullterminierten Array [III.D.1]. Auf Arrays wird noch im Rahmen der Beschreibung von Collections eingegangen. Die Programmiersprache Java hat hierfür den Datentypen *„String“* [III.A] eingeführt. Da es sich dabei jedoch bereits um einen zusammengesetzten Datentypen handelt, stellt dieser im objektorientierten Sinn ein Objekt da.
Ein ***Objekt*** [III] kann aus mehreren elementaren und zusammengesetzten Datentypen bestehen und bietet Funktionen an, welche entweder den reinen Zugriff auf die internen Variablen regulieren oder eigenständige Operationen ausführen. Diesen Methoden können Parameter in Form weiterer Daten übergeben werden wie auch ein Rückgabewert deklariert werden, welchem wiederum ein Datentyp zugeordnet wird. Ferner müssen Objekte, wie auch elementare Datentypen, instanziert werden. Anschließend können die Operationen der Objekte aufgerufen werden.
Der Inhalt eines Strings entspricht weitestgehend dem Inhalt einer einfachen Textdatei. In beiden Fällen handelt es sich um eine Aneinanderreihung von Bytes, welche entsprechend einem Zeichensatz auf Symbole abgebildet werden. Darüber hinaus bietet der Datentyp String eine Menge an Operationen zur Bearbeitung einer Zeichenkette. Dazu zählt die *Konstruktion* einer Zeichenkette aus anderen Datentypen, *Zeichenextraktion*, *Bestimmung der Länge* einer Zeichenkette, der *Vergleich* von Zeichenketten, die *Suche* innerhalb von Zeichenketten, *Ersetzten* von Zeichenketten oder deren Teilen und die *Konvertierungsfunktionen* [15].
Die **Konstruktion** eines Strings aus elementaren Datentypen durch *implizite Konvertierung* funktioniert deswegen, weil die natürlichen und reellen Zahlen sowie logische Wahrheitswerte

und Buchstaben durch Verkettung von Symbolen dargestellt werden können. Aus einen String lassen sich auch einzelne **Zeichen extrahieren** durch Angabe der gewünschten Position im String. Durch die **Bestimmung der Länge** wird die aktuelle Anzahl der Elemente einer Zeichenkette in Form eines int´s an dem Aufrufer zurückgegeben. Der **Vergleich** von Strings kann mit Hilfe mehrerer Operationen erfolgen, welche einerseits die bloße Gleichheit prüfen und diese als einen Wahrheitswert zurückliefen. Andererseits kann auch durch einen lexikalischen Vergleich bei Abweichung die jeweils längere und kürzere Zeichenkette ermittelt werden. Dies wird durch eine natürliche Zahl symbolisiert, welche entweder negativ, wenn denn die *„Kleiner-Relation“* symbolisiert werden soll, bei Gleichheit gleich 0 und ansonsten positiv ist, was die *„Größer-Relation“* darstellt. Eine andere Methode des Vergleichs erlaubt die Feststellung, ob eine Zeichenkette mit einer anderen Zeichenkette beginnt oder endet. Dies geschieht durch den Aufruf der passenden Funktion und wird durch einen Wahrheitswert angegeben. Schließlich existieren noch Methoden um regionale Übereinstimmungen zwischen Zeichenketten zu bestimmen. Die hierfür zur Verfügung stehende Funktion bedingt die Angabe einer Region, mit Hilfe mehrerer integer, und eines Vergleichsobjektes in Form einer anderen Zeichenkette. Bei der **Suche** innerhalb von Zeichenketten wird der Aufrufer seitens der Klasse String ebenfalls durch gleich drei Methoden unterstützt. Alle drei benötigen die Angabe einer anderen Zeichenkette, nach der gesucht werden soll. Die erste Methode liefert bei erfolgreicher Suche dem Index des ersten Vorkommens der gesuchten Zeichenkette zurück. Die zweite Methode arbeitet wie die erste, nur ermöglicht sie darüber hinaus die Angabe eines Indexes, ab welchem gesucht werden soll. Die dritte Methode liefert den Index des letzten Vorkommens der gesuchten Zeichenkette als integer zurück. Texte oder Textstellen können auch auf eine einheitliche Schriftgröße durch **Ersetzen** gebracht werden. Die **Konvertierungsmethoden** dienen der zuvor beschriebenen Fähigkeit der Umwandlung elementarer Datentypen in einen String.

Im Exkurs über primitive Datentypen und String wurde auf die hier verwendeten Java Datentypen bereits genauer eingegangen. Noch unbehandelt ist die datetime, ein Datentyp zur Speicherung des Datums samt Uhrzeit, und der binäre Datentyp base64Binary.

Der Datentyp ***„datetime“*** wird durch die Angabe des Jahres, des Monates und des Tages sowie der Stunden, Minuten und Sekunden in dem Format: YYYY-MM-DDThh:mm:ss angegeben. Die einzelnen Buchstaben, bis auf T, werden dabei durch natürlichen Zahlen in Form eines int´s ersetzt. Außerdem besteht die Möglichkeit, durch die Angabe eines Minuszeichens vor der Jahresangabe, ein negatives Jahr anzugeben um Zeitpunkte vor unserer Zeitrechnung zu erfassen. Ferner lassen sich Zeitzonen als Abweichung von der Coordinated Universal Time UTC, welche als Nachfolger der Greenwich Mean Time (GTM) gilt, festlegen. Diese werden durch die Angabe positiver oder negativer Stunden und Minuten repräsentiert, welche einen Bereich von 14 Stunden nicht überschreiten dürfen [23]. Der XML-Prozessor sorgt dafür, dass nur gültige Datumsangaben gespeichert werden, wobei auch die Schaltjahre berücksichtigt werden.

Der Datentyp ***„base64Binary“*** dient primär der Speicherung von Medieninhalten [III.E]. Es können aber auch Prüfsummen [III.A] und Vectoren [III.D.2] unter der Verwendung von base64Binary gespeichert werden. Der Werteraum von base64Binary wird durch eine geordnete Sequenz von Oktetten dargestellt [51]. Ein Oktett wiederum ist die strikte Form eines Bytes, welcher nicht zwangsläufig aus 8 Bits bestehen muss, dies aber in der Regel nahezu ausschließlich tut. Als Maßeinheit zur Angabe von Datenmengen wurde für ein Byte ebenfalls die Länge von 8 Bits definiert, weshalb diese Begriffe hier synonym verwendet werden. Die Tatsache, dass XML-Dokumente stets auch mit einfachen Editoren geöffnet und bearbeitet werden sollen, impliziert die

Einschränkung das die binären Daten mit Hilfe eines Zeichensatzes wie ASCII oder UniCode abgebildet und lesbar gemacht werden müssen. Als Darstellung für Bytes wird häufig die Hexadezimal-Schreibweise herangezogen. Diese bietet die Möglichkeit, einen halben Byte (auch Nibble genannt) in einer für den Menschen überschaubaren Kodierung mit Hilfe eines Zeichens zu repräsentieren. Um $2^4 = 16$ Möglichkeiten zu kodieren, verwendet man hierfür die Zahlen 0-9 sowie die ersten sechs Buchstaben des Alphabets. Ein ganzes Byte würde hingegen ein 256 Zeichen großes Alphabet erfordern und jede dazwischen liegende zweier Potenz hätte den Nachteil, dass keine grade Teilung eines Bytes möglich wäre. Der base64Binary Datentyp beruht auf der ***„base64"*** Zeichenkodierung. Diese verzichtet auf die gerade Teilung eines Bytes und muss auch nicht unbedingt von einem Menschen gelesen und interpretiert werden können. Dies ist deshalb sinnvoll, weil der Datentype base64Binary, wie bereits erwähnt, vorzüglich zur Speicherung von Medieninhalten herangezogen wird. Die base64 Zeichenkodierung ist 6 Bit lang und benötigt damit ein $2^6 = 64$ Zeichen großes Alphabet. Dieser setzt sich aus einer Teilmenge des ASCII Zeichensatzes zusammen, welche aus den 26 Gross- und 26 Kleinbuchstaben, den Zahlen 0-9 sowie den Sonderzeichen „+" und „/" besteht. Da die zu speichernden Daten in 24 Bit Blöcken gespeichert werden, welche sowohl durch 6 wie auch durch 8 Teilbar sind, müssen die Blöcke gegebenenfalls mit Hilfe eines „padding"-Zeichens: „=" aufgefüllt werden [52] S.24.

Der base64Binary Datentyp ist eine der beiden Möglichkeiten zur Einbindung nicht transparenter (binärer) Datentypen innerhalb transparenter (mit einen Editor bearbeitbarer) Datentypen, wie das XML-Format. Der Nachteil, der hierbei jedoch entsteht, ist die anwachsende Datengröße sowie der Aufwand zur Transformation der binären Daten in das base64Binary Format und wieder zurück. Laut Microsoft Developer Network (MSDN) kann sich der Daten Durchsatz um den Faktor 3 oder sogar höher durch die Transformation in einen base64Binary Datentyp verringern [51]. Diese Leistungsbeeinträchtigungen implizieren den Vorzug des Einsatzes einer anderen Möglichkeit der Nutzung von Binärformaten im Zusammenhang mit XML. Die andere Möglichkeit besteht in der Referenzierung externer Dateien. Eine ***Referenz*** [III.B] ist auch eine Zeichenkette, welche jedoch bestimmte Eigenschaften wie bestimmte Syntax und die semantische Bedeutung eines Zeigers auf eine externe Ressource aufweist. Eine hierbei verwendete Lösung besteht in der Referenzierung von Binärdateien über ***Uniform Resource Identifier (URI)*** [53] [III.B.1]. Dieser Datentyp stellt einen einheitlichen Bezeichner für Ressourcen dar. Die weite Verbreitung des Datentyps ist auf dessen häufigstes Einsatzfeld zurückzuführen, den Gebrauch innerhalb von Webseiten in Form von ***Hyperlinks***. Da diese die Verknüpfung von Inhalten im Internet realisieren, ist die eigentliche Netzcharakteristik ohne deren Einsatz undenkbar. Auch die Referenzierung einer Webseite durch eine Webadresse (URL) erfolgt unter deren Einsatz. Die Spezifikation von URI geht jedoch wesentlich weiter über die bloße Verknüpfung hinaus. Sie erlaubt die Festlegung von Protokollen (auch als Schemata in diesem Zusammenhang bezeichnet), die Angabe der Zugangsdaten sowie weitere Präzisierung des geforderten Inhalts über so genannten Fragmentbezeichner. Dieser dient der Referenzierung von Bereichen einzelner Ressourcen. Neben den URI existieren noch weitere gebräuchliche Referenzentypen wie ***Uniform Resource Locator (URL)*** [54, 55] [III.B.1] und ***Uniform Resource Name (URN)*** [56] [III.B.1], welche Unterarten von URI darstellten, sowie weitere unter III.B.1 angegebenen Referenzentypen. Diese sind gegenüber URI auf bestimmte Betriebssysteme, Programme oder die Referenzierung von Dateien innerhalb interner Netzwerke beschränkt.

5. Skripte (Scripts)
<office:script>

Ein Dokument kann mehrere ***Skripte*** [III.F.6] [45] S.54 enthalten, welche in verschiedenen Programmiersprachen verfasst sein können. Bei Skripten handelt es sich um einen Programmcode, welcher in meist eingeschränkter Umgebung eines Programms ausgeführt werden kann. Dieser wird somit i.d.R. als Text, vergleichbar mit dem Inhalt einer Textdatei oder eines Strings, hinterlegt. Er kann aber auch in kompilierter Form als Binärdatei eingebettet oder über eine URI referenziert werden. Die Skripte können direkt nach dem Laden eines Dokumentes oder im späteren Verlauf ausgeführt werden. Dabei haben diese den Zugriff auf das ***Dokumenten Objekt Model (DOM)*** oder ein von der Applikation bereitgestelltes ***Application Programming Interface (API)***. Durch DOM erhält das Skript Zugriff zu den in einem Dokument enthaltenen Daten. Der Zugriff auf die API ermöglicht hingegen die Nutzung der, von der Applikation bereit gestellten, Operationen. Wie bei der Aufzählung gängiger Datentypen (Kap. 2.2) bereits erwähnt, handelt es sich bei API´s [IV.A.1] um Schnittstellen, welche bei der objektorientierten Programmierung durch abstrakte Klassen realisiert werden. Über diese Operationen kann auch weiterer Zugriff auf Applikationsdaten erfolgen. Einzelne Skripte werden in einen Container <office:scripts> gespeichert, welcher eine Collection einzelner Skripte darstellt. Außerdem kann dieser auch Elemente enthalten, welche auf bestimmtes Verhalten des Systems reagieren und somit bei Bedarf eine Aktion einleiten. Diese Elemente heißen Event-Listener (siehe [45] S.438) und werden innerhalb eines Containers <office:event-listeners> gespeichert, welcher wiederum eine Collection innerhalb der Collection der Skripte darstellt. Da bislang eine Beschreibung der Collections offen blieb, wird diese hier nachgereicht.

Exkurs: Collections

Collections (Sammlungen) [III.D] stellen Datenstrukturen dar, welche dazu dienen, Mengen von Daten aufzunehmen (speichern) und einen der Bearbeitung angemessenen Zugriff zu ermöglichen. Wie bei dem allgemeinen Klassifizierungsansatz (Kap. 2.1) bereits erwähnt, spielt der effiziente Zugriff auf die Daten eine wichtige Rolle. Ein ***Array*** [III.D.1] (manchmal auch als Feld bezeichnet) ist die einfachste und eine, bezüglich des direkten Zugriffs über einen Index, sehr performante Datenstruktur. Dabei handelt es sich um eine (möglicherweise mehrdimensionale) Reihung von Elementen eines festen Grundtyps [15]. Trotz vieler unterschiedlicher Implementierungen im Rahmen unterschiedlicher Programmiersprachen ist die Länge eines Arrays in den meisten Fällen statisch. Das heißt, dass diese bei der Initialisierung festgelegt wird und nachträglich nicht mehr verändert werden kann. Die Mehrdimensionalität eines Arrays wird durch die Verschachtelung von Arrays erreicht. Da prinzipiell alle Datentypen als Grundtyp eines Arrays herangezogen werden können, sind auch insbesondere andere Collections als Elemente eines Arrays auffassbar. Auch andere Collections können auf diese Art mehrdimensional aufgebaut werden, wodurch sehr komplexe Datenstrukturen entstehen können. Um die Begrenzung, welche durch die statische Länge eines Arrays gegeben ist, zu umgehen, wurde bei der Programmiersprache Java der Datentyp ***Vector*** [III.D.2] als Implementierung einer ***linearen Liste*** [III.D.2] [15] eingeführt. Diese basiert auf einen Array welches dynamisch bei Bedarf vergrössert wird. Sowohl Array wie auch lineare Listen zeichnen sich besonders durch sehr schnellen wahlfreien Zugriff (in konstanter Zeit) über einen Index, auf die in ihnen gespeicherten Elemente, aus. Eine ***verkettete Liste*** dagegen erlaubt schnelles, effizientes Einfügen eines neuen Elementes an einer bestimmten Stelle innerhalb der Liste. Dies ist darauf zurück zu führen, dass Listenelemente über Referenzen [III.B] (meistens Zeiger [III.B.5]) miteinander verbunden werden. Deshalb brauchen beim Einfügen nur die Referenzen geändert zu werden. Im Gegenteil zu Datentypen, welche auf Feldern von Daten basieren wie Arrays, braucht der Inhalt der, auf der nach dem neu einzufügenden Objekt, folgenden Felder dadurch nicht umkopieren zu werden. Die Zugriff über einen Index stellt jedoch, bei vorhandenen Wissen über Eigenschaften eines gesuchten Zielobjekts, eine Einschränkung gegenüber ***Maps*** [III.D3] dar. Diese bilden einen Schlüssel auf einen Wert ab, weshalb deren Elemente innerhalb einer Menge von Elementen effizienter identifiziert werden können, als nur über deren Position. Die Suche eines Wertes welcher als Schlüssel zur Identifikation eines Objektes gilt, erfordert die Betrachtung aller Objekte in der Menge, falls diese nicht nach diesen geordnet ist. Um einen geeigneten Schlüssel zu finden, welcher die zu Abbildenden Elemente eindeutig identifizieren kann einerseits, andererseits aber mehr Informationen als eine integer Zahl, welche bisher als Index und damit auch Schlüssel fungiert, in sich aufnehmen kann, bedarf es einen größeren Werteraums als 4 Byte. Da Schlüssel auch aus Buchstaben oder sogar Zeichenketten bestehen, ist der Werteraum i.d.R. so gross, dass die Wahrscheinlichkeit, dass alle möglichen Schlüssel vergeben werden, wiederum gering ist. Unter dieser Annahme bietet es sich an, einen Mechanismus zu nutzen, welcher die Größe des Schlüsselraums auf die Anzahl der zu speichernden Elemente gleichmässig abbildet. Ein geeignetes Mittel ist hierbei die sog. Hashfunktion [15]. Diese bildet durch Kompression einen Werteraum auf einen Kleineren ab und liefert eine Funktion zum Umgang mit den dabei auftretenden Kollisionen. Hierfür werden verkettete Listen für die Elemente des kleineren Werteraums verwendet um in ihr die kollidierten Elemente nach einen bestimmten Schema zu verwalten. Java bietet hierfür die Datentypen ***Hashmap*** [III.D.3] und ***Hashtable*** [III.D.4] welche nur sehr geringe Unterschiede aufweisen. Dagegen sind die Unterschiede zwischen Tabellen (***Tables***) [III.D.4] und Maps schon wesentlich größer. Bei Tabellen handelt es sich um eine Relation zwischen Zeilen und Spalten. Diese kann als ein Array welches aus einzelnen Zeilen besteht, welche wiederum die einzelnen Spaltenelemente enthalten, angesehen werden. Wehrend bei Maps nur eine Schlüssel-Wert Relation vorausgesetzt wird, können Tables eher als ein zweidimensionales Array aufgefasst werden.

Der Zugriff kann auch in Abhängigkeit von anderen Parametern erfolgen, wie z.B. der Priorität der Elemente innerhalb der Menge oder den Zeitpunkt deren Hinzunahme zu der Menge. Während der effiziente Zugriff auf ein Element höchster oder niedrigster Priorität eine ausgefeilte Datenstruktur in Form eines ***Heaps*** [III.D5] erfordert, kann der Zeitpunkt der Hinzunahme ganz einfach geprüft werden. Soll auf das zuletzt eingefügte Element stets zuerst zugegriffen werden, dann entspricht die Zugriffsweise der Arbeitsweise einer Last-in Firs-out (LiFo) Warteschlange in Form eines ***Stapels*** (***Stack***) [III.D.6]. Diese kann unter Verwendung eines Arrays, oder dynamisch unter Verwendung eines Vectors, mit der Hinzunahme einer Operation, welche jeweils das letzte Element zurückliefert und dieses damit vom Stapel nimmt, realisiert werden. Eins Stack wird meinst in Zusammenhang mit rekursiven Aufrufen verwendet. ***Queues*** [III.D.7] hingegen arbeiten nach dem First-in First-out (FiFo) Prinzip. Salopp gesprochen bedeutet dieses „Wer zuerst kommt, malt zuerst“ und entspricht somit einer typischen Warteschlange wie in einer fairen Arztpraxis. Da hierbei die neu hinzukommenden Elemente am Anfang der Collection angefügt werden, empfiehlt sich der Einsatz einer verketteten Liste um das Umkopieren des Folgeinhaltes zu vermeiden.

Um hierarchische Strukturen innerhalb einer Collection abzubilden, empfiehlt sich der Einsatz von ***Bäumen*** (***Trees***) [III.D.8]. Diese dienen unter anderen als Grundlage für den Aufbau von Heaps, eigen sich aber auch hervorragend um den Aufbau von Gegenständen in Form von Stücklisten abzubilden. Der Vorteil besteht darin, dass hierarchische Informationen nicht explizit innerhalb der Datenmenge gespeichert werden müssen, sondern der Datenstruktur entnommen werden können. Ein Baum besteht aus Elementen (hier Knoten genannt) welche in Gegensatz zu einer Liste nicht nur einen, sondern gleich mehrere Nachfolger haben können. Diese werden als seine Kinder bezeichnet. Die Bäume verfügen ebenfalls über einen ausgezeichneten Knoten, welcher als die Wurzel des Baums bezeichnet wird. Dieser Knoten zeichnet sich dadurch aus, dass er keinen Vorgänger besitzt während alle anderen Knoten genau einen Vorgänger haben, welcher als deren Vater bezeichnet wird [14] S.251. Es gibt zahlreiche spezifische Arten von Bäumen auf die hier aus Platzgründen nicht näher eingegangen werden kann. Bäume weisen eine strickte hierarchische Struktur auf, welche einen einzigen Weg von der Wurzel bis jeden anderen Knoten zulässt wodurch diese zyklenfrei sind. Verzichtet man auf diese Forderung und lässt Zyklen zu, so gelangt man zu einer allgemeineren Struktur, welche als ***Graph*** [III.D.9] bezeichnet wird. In der Graphentheorie bezeichnet man die Verbindungen zwischen den Knoten als Kanten. Diese können gerichtet oder ungerichtet sein sowie einfach oder mehrfach zwischen je zwei Knoten, als auch auf einzelnen Knoten, vorkommen. Die Art der gewählten Verbindungen kennzeichnet die Art des Graphen. Es sind zahlreiche Operationen auf Graphen möglich, wie Beispielsweise die *Abstandsfunktion*. Dies ist die Messung der Distanz zwischen zwei Knoten, als Anzahl der Kanten auf den kürzesten der möglichen Wege von den einen bis zu dem anderen Knoten. Graphen können auf unterschiedliche Weise gespeichert werden. Bei der objektorientierten Programmierung können Graphen als eine Collection von Knoten, welche wiederum ihrerseits Collections von Kanten als Referenzen auf andere Knoten beinhalten, gespeichert werden. Eine andere weit verbreitete Datenstruktur für Graphen ist die ***Adjazenzmatrix***. Dies ist eine quadratische Tabelle welche eine Relation zwischen allen Knoten abbildet. In Ihr wird durch einen Wahrheitswert symbolisiert ob zwischen je zwei Knoten eine Kante vorhanden ist. Sind die Kanten ungerichtet, so reicht die halbe Tabelle bereits aus, um einen Graphen abzubilden, denn dann ist diese entlang der Diagonalen gespiegelt. Sollten Kantengewichte berücksichtigt werden so können statt der Wahrheitswerte auch Zahlen verwendet werden, welche die Gewichte repräsentieren [14] S.535.

Die Aufzählung umfasst sicher nicht alle Collections, sie bietet jedoch schon einen Überblick über deren unterschiedliche Vorteile und entsprechende Einsatzfelder. Den bisher behandelten Collections liegen homogene Datenstrukturen zugrunde. Gerade bei Betrachtung komplexer Datentypen fällt es besonders auf, dass diese meist aus einer Vielzahl unterschiedlicher anderer Datentypen zusammengesetzt sind. Bei hinreichenden Abstraktionsgrad, kann auch ein Dokument, wie das hier beschriebene OpenDocument, als ein Collection verschiedener heterogener Datentypen angesehen werden. Für die Kollektion unterschiedlichster Datentypen existiert ebenfalls eine breite Palette an speziellen Dateiformaten. Beispielhaft werden hier drei für diesen Zweck hervorragende Kollektionen demonstriert. Um mehrere Dateien, unabhängig welchen Formats, in einer Datei unterzubringen um diese wahlweise über das Internet zu übertragen oder auf einen Datenspeicher zu archivieren, werden vorzugsweise ***Archive*** [III.D.10] erstellt. Diese bieten i.d.R. über die blosse Ansammlung verschiedener Dateien hinaus noch die Möglichkeit die Daten innerhalb des Archivs ohne Information-Verlust zu komprimieren oder auch deren Inhalt mit einen Passwort zu verschlüsseln. Zu bekannten Vertretern dieser Gattung zählen Dateiformate wie ZIP, RAR oder TAR. Eine allgemeine Ansammlung von Daten und gleichzeitig die von Betriebssystemen verwendete Einteilung für physische Laufwerke bezeichnet mal als ***Partitionen*** [III.D.11]. Diese stellen eine nahezu beliebige Unterteilung des gesamten Datenträgers dar und werden von den meisten Betriebssystemen als logische Laufwerke behandelt. Demnach kann jede Partition ein separates Dateisystem aufweisen sowie einzeln an das System gebunden werden und in Windows basierend Systemen noch zusätzlich mit einen Buchstaben versehen werden. Dieser Buchstabe ist damit eine Referenz auf eine Partition. Sowohl Archive wie Partitionen stellen lediglich Datenformate dar welche als Container für andere Daten dienen. ***Datenbanken*** [III.D.12] stellen dagegen über die blosse Kollektion von Daten noch Mechanismen zur Bearbeitung der Datensätze sowie zum parallelen Zugriff bereit. Die Mechanismen beruhen auf einer speziellen Datenbank Programmiersprache SQL [III.F.6] und erlauben das Erstellen von Tabellen, das Einfügen und Abfragen von Datensätzen, die Aufstellung von Bedingungen zur Selektion von Datensätzen und die Ausführung von Transaktionen. Die Transaktionen dienen der Regelung von Zugriffsrechten bei parallelen Zugriff und bietet die Möglichkeit, eine Transaktion als Ganzes betrachten zu können. Dies ermöglich eine gezielte Fehlerbehandlung bei Konflikten, indem eine Transaktion als etwas atomares behandelt wird, das entweder komplett oder gar nicht auf dem Datenbestand ausgeführt werden darf. Sowohl Datenbanken wie auch oben angesprochene Heaps, beruhen in ihrer Speicherstruktur auf Bäumen. Bei Heaps wird die Priorität eines Schlüssels der hierarchischen Struktur eines Baums entnommen. Bei den Datenbanken werden hingegen Balancierte Bäume (B-Bäume) eingesetzt, denn diese wiesen sehr effiziente Eigenschaften für das Einfügen, Suchen und Löschen von Daten auf.

6. Deklarationen der Font Faces (Font Face Declarations)

Ein Dokument kann mehrere Deklarationen [45] S.55 der verwendeten Schriftarten enthalten. Über Font Faces kann gegebenenfalls auf anderen Systemen eine ähnliche Schriftart wie die deklarierte, falls diese nicht vorhanden sein sollte, ausgewählt werden. Die Deklaration erfolgt in Form eines Strings.

7. Stile (Styles)

Stile [45] S.55 dienen in erster Linie der Trennung des Inhaltes eines Dokumentes von seinen Layout. Die Layoutinformationen sind anwendungsspezifisch und werden in drei Gruppen unterteilt. Diese sind die allgemeinen, automatischen und Vorlage (Master) Stiele. Für den Benutzer fällt die Trennung relativ transparent aus, sie hat jedoch Auswirkungen auf die Datenstruktur. Die XML-Repräsentation der allgemeinen und automatischen Stiele ist, bis auf den Container in denen sie gespeichert werden, identisch. Allgemeine Stiele werden innerhalb des Containers <office:styles>, automatische Stile innerhalb von <office:automatic-styles> und Vorlagen Stile innerhalb von <office:master-styles> gespeichert.

8. Seiten Stile und Layouts (Page Styles and Layout)

Das Aussehen einer Seite wird definiert durch das Seitenlayout und das Vorlagenlayout [45] S. 58. Das Seitenlayout beschreibt die Größe einzelner Elemente. Das Vorlagenlayout referenziert ein Seitenlayout und bereichert dieses um statische Elemente welche auf jeder Seite angezeigt werden. Dies könnten Hintergrund Graphiken oder Kopf- und Fuß- Elemente sein. Die Unterscheidung dient zur Bestimmung von globalen Layouts, welche bei Erzeugung neuer Seiten angewendet werden, wie der Zuweisung von speziellen Seiten Layouts für bestimmte Seiten.

Dokumentformate - Präsentationen: PowerPoint oder ähnliche Dokumente

Präsentationsdokumente [III.F.4] ähneln Textdokumenten im Querformat. Da jedoch bei Präsentationen mehr Wert auf eine knappe, stichpunktartige Formulierung von Zusammenhängen gelegt wird, welche optisch durch zahlreiche Graphiken [III.E.1], Charts und Animationen [III.E.4] bereichert werden, definiert der OpenDokument-Standard die Präsentationen als eine Folge von Zeichnungsdokumenten [45] S.48. und typisiert sie als "office:presentation". Diese Dokumente können ebenfalls Text enthalten, sowie über erweiterte Tabellen-Funktionalität verfügen. Ferner enthalten diese ebenfalls eine Attributliste und einen Rumpfteil, welcher von einen Prolog und einen Epilog umschlossen wird. Die Präsentationen können auch den Transport Dokumenten zugeordnet werden, da ihr Inhalt meist an eine grössere Zielgruppe gerichtet ist als es bei Text Dokumenten der Fall ist.

Dokumentformate - Transport Dokumente: PDF oder ähnliche Dokumente

Transport Dokumente wurden erschaffen um mehrere Nachteile von textuellen, numerischen und geometrischen Dokumente in Bezug auf die Voraussetzungen zu deren Darstellung auf anderen Systemen, zu umgehen. Zum einen sind die Formate mitunter nicht standarisiert und die Standards nicht von allen Anwendungen unterstützt, zum anderen setzt die Weitergabe eines Dokumentes i.d.R. keine Weiterverarbeitung der Dokumente voraus, so das der durch das Starten einer aufwendigen Anwendung zu Bearbeitung entstehende Overhead eingespart werden kann. Die reine Betrachtung der Dokumente erfordert lediglich eine Anwendung welche in der Lage ist den Druckbaren Inhalt eines Dokumentes darzustellen. Hierfür entstand eine Reihe an Dokumentformaten wie das ***Device independent*** (DVI) Dokumentformat, ***PostScript*** [57], sowie das weit verbreitete, auf PostScript basierende ***Portable Document Format*** (PDF) [III.F.3][58]. Während DVI Dateien die Seitenbeschreibung nur zeichenbasierend vornimmt können PostScript und PDF Dateien neben Text auch Bildern und Grafiken enthalten. Ein weiterer Unterscheid besteht in der Handhabung der Fonts. Diese werden bei DVI nur referenziert und müssen somit auf den Zielsystem vorhanden sein, während sie bei PostScript und PDF mit in der Datei gespeichert werden. PostScript ist, über ein Dateiformat hinaus, auch eine Seitenbeschreibungssprache, welche in der Druckindustrie entwickelt wurde um Druckaufträge an einen Drucker oder Druckserver zu senden. PDF erweitert deren Funktionsumfang durch weitere Features wie Transparenzeffekte, Formulare, 3D-Annotationen, Kommentare und Hyperlinks [III.B.1] auf interne (Lesezeichen) und externe Inhalte. Dabei handelt es sich bei PDF jedoch nicht mehr um eine Seitenbeschreibungssprache sondern um ein reines Dateiformat für Dokumente, welches dennoch auch zum Ansteuern von Druckern verwendet werden kann, wie das z.B. unter Mac OS X von Apple der Fall ist. PDF lässt eine sehr präzise Darstellung des Ursprungsdokumentes zu. Die dabei verwendete Technik basiert auf Vektorgrafiken. Es existieren ebenfalls weitere Standardformate zur Beschreibung von Vektorgrafiken wie das ***Scalable Vector Graphics (SVG)*** [III.F.3][59] welches auf XML basiert. Da dieses Dokumentformat jedoch in erster Linie für die Darstellung im Browser gedacht ist, kann es besser den Webseiten zugeordnet werden.

Dokumentformate - Transport Dokumente: Webseiten

Webseiten stellen die wohl das am weitesten verbreitete Möglichkeit für den Austausch von Informationen über das Internet dar. Die hierfür in Betracht zu ziehenden Dokumentformate sind vor allem ***HTML*** [III.F.1], ***XHTML***, SVG [III.F.3] und ***Adobe FLASH*** [III.E.4]. Bei HTML (Hypertext Markup Language) und XHTML (X steht dabei für Extensible) handelt es sich um Auszeichnungssprachen welche im Prinzip dem XML Format entsprechen, wobei jedoch die Grammatik über die DTD vorgegeben ist. Diese ist speziell auf die Bedürfnisse zu Darstellung von interaktiven Dokumenten angepasst. Der Unterschied zwischen HTML und XHTML besteht hauptsächlich darin, dass HTML weniger strickte Anforderung bezüglich der Einhaltung der Grammatik stellt, als es bei XHTML oder auch XML der Fall ist. Dadurch wird den Browser, welcher zur Darstellung von Webseiten benötigt wird, der Freiraum eingeräumt, auch nicht hundertprozentig sauber formulierte Inhalte, lesbar darzustellen. Im Gegensatz zu Dokumentformaten, welche im vorherigen Unterkapitel beschrieben worden sind, können Webseiten an die Größe des Browserfensters angepasst dargestellt werden sowie mit leichten Abweichungen, von verschiedenen Browsern, dargestellt werden. Eine exakte Darstellung, sowie komplexere grafische Elemente als Text und Tabellen, kann nur mit Hilfe von Vektorgrafiken erreicht werden. Diese können komplexe Objekte und deren Bewegungsabläufe darstellen. Die Verbindung dieser Fähigkeiten führt zu Animationen. Dadurch lassen sich Webseiten sehr multimedial und ansprechend gestallten. Hierfür kann der ebenfalls XML basierende SVG Standard oder das proprietäre Adobe FLASH Format verwendet werden.

Dokumentformate - Transport Dokumente: Artikel

Bei ***Artikel*** [III.F.3] handelt es sich einerseits um einen Sammelbegriff für verschiedene journalistische Darstellungsformen und andererseits um einen Ausdruck für wissenschaftliche Publikationen. Sowohl die journalistischen wie auch die wissenschaftlichen Artikeln können in verschiedenen Formaten publizieret werden. Dabei handelt sich es jedoch stets um Transport Dokumente, denn der Veröffentlichung stünden sonst die Einschränkungen proprietärer Formate entgegen.

Dokumentformate - Transport Dokumente: Kalender

Es gibt verschiede proprietäre sowie offene Kalender Applikationen. Diese dienen der Erfassung von Terminen. Diesen wiederum können unterschiedliche Dauer, Orte, Benachrichtigungsfunktionen und Teilnehmer zugewiesen werden. Ferner kann für die Termine erfasst werden, ob diese wiederkehrend sind oder nur einmalig stattfinden. Zwischen den verschiedenen Applikationen können die Daten auf vielfältige Art und Weise ausgetauscht werden, jedoch haben sich auch hier gewisse Standards als unerlässlich erwiesen. Diese sind vor allem ***vCalendar*** [III.B.3] [24] und das neuere ***iCalendar*** [III.B.3] [25] welches die Weiterentwicklung von vCalendar darstellt. Die Datenstruktur basiert auf einfachen Text. Dabei werden in Großbuchstaben geschriebenen Tags, welche unter anderen den oben erwähnten Eigenschaften eines Termins entsprechen, ihre Ausprägungen zugewiesen. Es existiert ebenfalls eine XML basierende Umsetzung des Formates welche als ***xCal*** bezeichnet wurde.

Dokumentformate - Transport Dokumente: Reports und Formulare

Wie bereits in den Kapitel über Collections erwähnt wurde, werden für den parallelen Zugriff auf Datenbestände in erster Linie Datenbanken eingesetzt. Die Interaktion mit einer Datenbank geschieht über definierte Schnittstellen wie z.B. ODBC, JDBC oder OLAP, welche hilfreiche Operationen für den Zugriff und die Transaktionsverwaltung bieten. Diese Schnittstellen können sowohl von Desktopanwendungen wie auch Webanwendungen, welche in Form einer Webseite innerhalb eines Browsers ausgeführt werden, über das Netzwerk angesprochen werden. Beide Arten von Anwendungen verfügen über einen Mechanismus zur Eingabe und Ausgabe der Daten, welche in die Datenbank aufgenommen oder aus ihr ausgelesen werden. Die Eingabemasken werden auch als ***Formulare*** [III.F.3] bezeichnet. Im Falle der Webanwendungen werden diese auch als Webformulare bezeichnet. Die Ausgabe der Daten geschieht dagegen in Form von ***Reports*** [III.F.3] oder der Einbettung der Daten in HTML oder ein anderes Dokument Format. Es gibt eine Reihe von bestimmten Anwendungen welche für die Generierung von Reports speziell entwickelt worden sind, von welchen Crystal Reports einen bekannten Vertreter darstellt. Da es sich sowohl bei Eingabedaten wie auch Ausgabedaten nicht zwangsläufig um Text handelt, können auch insbesondere numerische Werte die Ausgabe darstellen. Dadurch lassen sich Reports und Formulare nicht eindeutig den textuellen Dokumenten zuordnen, sondern können in Abhängigkeit von deren Inhalt, auch sehr wohl den numerischen Dokumenten zugeordnet werden. Diese werden im Folgenden behandelt. In einigen Fällen kann auch die Zuordnung zur geometrischen Datentypen richtig sein. Diese erscheint jedoch aufgrund aufwendiger Transformation der Tabelleninhalte einer nicht objektorientierten Datenbank in geometrische Objekte als nicht so zutreffend, wie es bei textuellen oder numerischen Dokumenten der Fall ist. Objektorientierte Datenbanken sind weniger verbreitet als relationale Datenbanken und fungieren in der Regel als zentraler Speicher für Medieninhalte. Diese werden mit speziellen Darstellungsprogrammen (engl. Viewer) dargestellt und können in Reports begrenzt eingebunden werden. Über Formularen können die medialen Inhalte ebenfalls nur über fortgeschrittene Dialogoptionen eingebunden werden.

Analyse von Datentypen numerischer Dokumente

Im Beispielsprozess konnte ebenfalls eine Reihe numerischer Dokumente identifiziert werden. Diese wurden in den Tabellen „Wissen und Dokumente bei Angebotserstellung“ erwähnt.
Als Input konnten folgende Dokumente identifiziert werden:

- *Excel, Reports, Formulare, Charts, Kostenstellenrechnung, Kostenträgerrechnung, Betriebsabrechnungsbogen, Buchführung*

Auf der Output Seite werden folgende numerische Dokumente generiert:

- *Excel, DB-Einträge über Masken oder Formulare*

Dokumentformate - Tabellenkalkulation: Excel oder ähnliche Dokumente

Eine ***Tabellenkalkulation Dokument*** [III.F.2] [45] S.48 besteht aus einer Folge von Tabellen, einer Attributliste und einen Datenrumpf, wobei dieser, wie bei anderen bereits beschriebenen OpenDokument Datentypen, von einen Prolog und einen Epilog umschlossen ist. Diesen ist, innerhalb des OpenDokument Formats, der Typ "office:spreadsheet" zugewiesen worden. Der Prolog enthält unter anderen Informationen über die Änderungen, Einstellungen für Formeln, Regeln zum validieren von Zelleninhalten, sowie Bezeichnungen für definierte Bezeichnungen für Zeilen oder Spalten innerhalb des Dokumentes. Der Epilog enthält definierte und mit Namen versehene Ausdrücke, definierte Bereiche innerhalb von Tabellen, Pivot-Tabellen, Konsolidierungsoperationen sowie Links zu dynamischen Datenquellen (DDE). Die in tabellarischer Form hinterlegten Daten der Tabellenkalkulations Dokumente können ebenfalls mittels einfacher Textdateien, welche bestimmte strukturelle Anforderung erfüllen, ausgetauscht werden. Dabei handelt es sich um durch Komma getrennte Werte auf englisch ***Comma-Separated Values*** (***CSV***) [III.F.3] [60]. Die Spalten werden durch definierte Zeichen i.d.R Kommata und die Spalten durch neue Zeile und Wagenrücklauf (CRLF) symbolisiert. Obwohl das CSV Dateiformat nicht alle Informationen eines Tabellenkalkulations Dokumentes aufnehmen kann, da die Formeln sowie Charts und sonstige Metainformationen nicht übernommen werden, fungiert CSV als ein weit verbreitetes Transportformat für numerische Dokumente.

Dokumentformate - Betriebswirtschaftliche Dokumente

Es gibt eine Vielzahl bekannter betriebswirtschaftlicher Dokumente wie Beispielsweise *Kostenstellenrechnung, Kostenträgerrechnung, Betriebsabrechnungsbogen* oder die inzwischen meinst digital gefühlten Bücher der Buchführung. Solange diese Dokumente digital geführt werden können diese in unterschiedlichsten Formaten gespeichert werden. Dabei handelt es sich jedoch um Dokumenttypen, welche im engeren sinne keinen Datentypen definieren. Tabellenkalkulations Dokumente eigenen sich in der Regel hervorragend für Speicherung betriebswirtschaftlicher Dokumente auf Grund der Möglichkeit Zahlen mittels Formeln in Verbindung zu setzten unter gleichzeitiger Beschriftung der Zusammenhänge. Darüber hinaus bieten die entsprechenden Anwendungen eine Möglichkeit die Zahlen als z.B. *Balken-* oder *Kuchendiagramme* (engl. *Charts*) zu visualisieren. Einige Darstellungsformen wie beispielsweise *Funnel Chart* oder *3D Charts* stellen durchaus geometrische Figuren dar, sind jedoch nicht primär dafür gedacht geometrische Strukturen nachzubilden.

Analyse von Datentypen geometrischer Dokumente

Zur Beschreibung eines Produktes zu welchen ein Angebot erstellt werden soll, sind auch spezielle Zeichnungen als Grundlage für die Konstruktion des Produktes notwendig. Die Zusammensetzung des Produktes spiegelt sich auch in seiner Stückliste wieder. Ferner müssen Arbeitspläne berücksichtig und bearbeitet werden. In den Tabellen „Wissen und Dokumente bei Angebotserstellung“ werden somit folgende Dokumente als Input identifiziert:

- *CAD, Stücklisten, Arbeitspläne, ggf. Reports*

Auf der Output Seite werden folgende numerische Dokumente generiert:

- *CAD, Stücklisten, Arbeitspläne*

Dokumentformate - Arbeitspläne

Arbeitspläne stellen eine Zuweisung von Ressourcen zu Zeitreihen dar. Diese können in tabellarischer Form hinterlegt werden. Hierfür eignen sich Tabellenkalkulations Dokumente, Datenbanken sowie weitere Datentypen, welche Relationen zwischen Zeitreihen und Ressourcen repräsentieren können. Die im Unterkapitel „Abgrenzung wissensintensiver Prozesse“ behandelten Workflows stellen ebenfalls eine Definition von Arbeitsabläufen dar. Die auf diese Art und Weise modellierten Abläufe weisen jedoch weit aus komplexere Strukturen auf als die tabellarische Darstellung typischer Arbeitspläne. Die Modellierung von Workflows basiert auf Petri-Netzen welche wiederum strukturell als Graphen [III.D.9] abgebildet werden können. Sowohl Graphen wie auch Petri-Netzte stellen komplexe geometrische Strukturen dar und stellen somit besondere Anforderung an deren Darstellung dar.

Dokumentformate - Stücklisten

Stücklisten enthalten Informationen über dem Aufbau eines Objektes. Ein Objekt wird dabei in seine Einzelteile zerlegt und dessen Zusammenbau hierarchisch dargestellt. Die hierarchische Darstellung geschieht, wie in Kapitel über Collections beschrieben, effizient mit Hilfe von Bäumen [III.D.8]. Dabei wird das zu abbildende Objekt durch die Summe der Einzelteile dargestellt. Dieses wird als die Wurzel des Baumes abgebildet und dessen Bestandteile als seine Kinder. Die Zusammensetzung der Bestandteile wird analog dargestellt bis keine Aufteilung mehr vorgenommen werden kann. Diese Einzelteile stellen dann die Blätter des Baumes dar.

Dokumentformate - Geometrische Zeichnungen: CAD

Unter rechnergestützten Konstruktion oder auf englisch Computer Aided Design (CAD) versteht man eine Reihe von Anwendungen zu Erstellung von Konstruktionsunterlagen für mechanische, elektrische oder elektronische Erzeugnisse. Autodesk, ein führender Hersteller von CAD Anwendungen, führte mit der AutoCAD eine breite Produktpalette an Anwendungen zur Erstellung und Bearbeitung von CAD-Dateien sowie Dateiformaten ein. Bei AutoCAD handelt es sich um vektororientierte Zeichenprogramme, welche aus Basis einfacher geometrischer Objekte wie Linien, Polylinien, Kreisen und Bögen komplizierte 3D-Objekte darstellen können. Die Formate von AutoCAD ebneten auch den Weg zu Standardformaten für Dokumente und erhielten die Endungen ***„dwg“*** für Zeichnungen (engl. „Zeichnung“) und ***„dxf“*** als Zeichnungsaustauschformat (engl. Drawing Interchange Format). Während das DWG-Format ein binäres proprietäres Dateiformat darstellt ist mit der DXF-Schnittstelle zwar ebenfalls eine proprietäre Schnittstelle, welche jedoch dokumentiert und offen gelegt wurde. Das dazugehörige DXF-Dateiformat basiert auf reinen ASCII-Text und kann somit mit beliebigen Editoren oder Anwendungen bearbeitet werden.

Zusammenfassung und Ausblick auf analytische Methoden und Vergleichbarkeit

Innerhalb der Seminararbeit wurde eine Übersicht und Strukturierung der verschiedenen Datentypen vorgenommen. Dabei wurde besonderer Augenmerk auf die Zugriffsmöglichkeiten und die innerhalb der Datentypen gespeicherten Daten der beschriebenen Datenstrukturen gelegt. Bei der Strukturierung wurde ein ähnlicher Ansatz verfolg wie bei der MIME Typisierung. Dieser wurde, nicht so ausführlich aber desto umfassender vorgenommen. Dies war notwendig um alle Datentypen kategorisieren zu können, wobei jeweils für bestimmte Gattungen die bekanntesten Vertreter herangezogen wurden. Die Kategorien ermöglichen in gewissermassen eine Klassenbildung, welche jedoch nicht immer eindeutig sein kann, sowohl in Bezug auf die im Kapitel 2.2 aufgestellte Kategorisierung der Datentypen wie auch auf die Zuweisung zur textuellen, numerischen und geometrischen Dokumenttypen.

Den Klassen können ferner bestimmte Eigenschaften zugewiesen und diese analysiert und miteinander verglichen werden. Die Analyse innerhalb des Seminars bezog sich vorwiegend auf den Einsatzfeld bestimmter Datentypen und Dokumentformate. Der Zugriff auf die Datenstrukturen kann ebenfalls klassifiziert durch so genannte Laufzeitklassen ausgedrückt werden. Die Eigenschaften in Form der Operationen und Attribute der Datenstrukturen bieten eine Grundlage für Vergleichbarkeit, wobei den Datentypen, welche nahe bei einander in der im Kapitel 2.2 aufgestellten Kategorisierung vorkommen, auch ähnliche Eigenschaften zugesprochen werden können. Um jedoch Rohdaten in Form konkreter Objektinstanzen mit einander Vergleichen zu können, wird die Kenntnis den Attributen zugewiesener Werte benötigt. Die Kenntnis der Attributwerte geht somit über die Analyse der Datentypen hinaus. Dieses Thema wird weiter ausführlich innerhalb meiner Diplomarbeit mit den Thema: „Entwurf und Implementierung eines Verfahrens zur Analyse komplexer Daten insbesondere auf strukturelle Ähnlichkeit“ vertieft und somit Diese den interessierten Leser zum Abschluss in Aussicht gestellt.

Literaturverzeichnis

1. Schaffry, A., *Das digitale Universum explodiert* CIO, 2008.
2. *Berson, A., S. Smith, and K. Thearling, Building data mining applications for CRM. 1999, New York: McGraw-Hill. xxvii, 510 p.*
3. CapGemini (2007) *Studie IT-Trends 2007.*
4. *Eberhard, A., Global production. 2008, Berlin [u.a.]: Springer. 401.*
5. Aamodt, A., *Data & knowledge engineering*, in *Different roles and mutal dependencies of data, information and knowledge - an AI perspective on their integration*, M. Nygard, Editor. 1995, North-Holland, Elsevier Science Publishers: Amsterdam. p. 33.
6. *Aho, A.V., Compiler Prinzipien, Techniken und Werkzeuge. 2., aktualisierte Aufl., German language ed. ed. 2008, München. 1253.*
7. *Bratko, I., Prolog programming for artificial intelligence. 3rd ed. International computer science series. 2001, Harlow, England ; New York: Addison Wesley. xxi, 678 p.*
8. *Polanyi, M., Implizites Wissen. 1985: Suhrkamp-Taschenbuch Wissenschaft. 1968. 93.*
9. *Partners, H., Balanced Scorecard umsetzten. Vol. 4. 2007, Stuttgart: Schäffer-Poeschel 452.*
10. *Goesmann, T., Ein Ansatz zur Unterstützung wissensintensiver Prozesse durch Workflow-Management-Systeme. 2002, Fakultät IV - Elektrotechnik und Informatik der Technischen Universität Berlin: Berlin. p. 122.*
11. *Riggert, W., Betriebliche Informationskonzepte. 1. Auflage ed. 1998, Braunschweig [u.a.]: Vieweg [u.a.]. 281.*
12. *Kalpakjian, Serope; Schmid, Steven (2006), Manufacturing engineering and technology (5th ed.), Prentice Hall, p. 1192, ISBN 9787302125358.*
13. *Fähnrich, K.-P. (2008) Entwicklung IT-basierter Dienstleistungen Co-Design von Software und Services mit ServCASE*
14. *T.Ottmann, P.W., Algorithmen und Datenstrukturen. Vol. 4. 2002, Heidelberg, Berlin: Spektrum Akademischer Verlag GmbH. 716.*
15. Guido Krüger, T.S., *Handbuch der Java-Programmierung.* Vol. 5. 2007: Addison-Wesley.
16. *Group, N.W. Uniform Resource Locators (URL). 1994 23.01.2009]; URL: http://www.ietf.org/rfc/rfc1738.txt.*
17. *Group, N.W. Uniform Resource Identifier (URI): Generic Syntax. [Text Document] 2005 23.01.2009]; URL: http://www.ietf.org/rfc/rfc3986.txt.*
18. *Group, N.W. Internationalized Resource Identifiers (IRIs). [Text Document] 2005 24.01.2009]; URL: http://www.ietf.org/rfc/rfc3987.txt.*
22. *Group, N.W., ASCII format for Network Interchange. 1969, The Internet Society (1969).*
23. *W3C. XML Schema Part 2: Datatypes Second Edition #dateTime. 2004 [cited 2009 11.02.2009]; URL: http://www.w3.org/TR/2004/PER-xmlschema-2-20040318/#dateTime.*
24. (IMC), I.M.C., *vCalendar*, in *A versit Consortium Specification.* 1996.
25. Group, N.W., *Internet Calendaring and Scheduling Core Object Specification (iCalendar).* 1998.
26. Entrup, C.L., *Analyse, Anwendung und Vergleich von Methoden des Maschinellen Lernens zur Nutzung von Wissen im Angebotserstellungsprozess eines mittelständischen Automobielzulieferers.* 2005: Siegen.

28. Horn, T. ASCII-, ANSI- und HTML-Zeichencodes sowie deutsche Tastatur-Scancodes. 2007 [cited 2009 27.01.2009]; URL: http://www.torsten-horn.de/techdocs/ascii.htm.
29. online, h. American Standard Code for Information Interchange (ASCII). Glossar 25.01.2009]; URL: http://www.heise.de/glossar/entry/41c05aec8e107561.
30. Horn, T. ASCII-, ANSI- und HTML-Zeichencodes sowie deutsche Tastatur-Scancodes. 2007 [cited 2008 27.01.2009]; URL: http://www.torsten-horn.de/techdocs/ascii.htm.
31. Unicode. The Unicode Character Code Charts By Script. [cited 2009 27.01.2009]; URL: http://www.unicode.org/charts/.
32. Network, M.D. Rich Text Format (RTF) Specification, version 1.6. [cited 2009 29.01.2009]; URL: http://msdn.microsoft.com/de-de/library/aa140277(en-us,office.10).aspx.
33. Microsoft. Microsoft Office Binary (doc, xls, ppt) File Formats. 2008 [cited 2009 23.01.2009]; URL: http://www.microsoft.com/interop/docs/OfficeBinaryFormats.mspx.
34. ISO. *Publication of ISO/IEC 29500:2008, Information technology - Document description and processing languages - Office Open XML file formats.* 2008; URL: http://www.iso.org/iso/pressrelease.htm?refid=Ref1181.
35. ISO. ISO and IEC approve OpenDocument OASIS standard for data interoperability of office applications. 2006 [cited 2008 23.01.2008]; URL: http://www.iso.org/iso/pressrelease.htm?refid=Ref1004.
36. Meyer, R. *OxygenOffice Professional basiert auf OpenOffice.org bzw. Go-oo und enthält zusätzliche Cliparts, Vorlagen und Fonts.* 2008 24.01.2009]; URL: http://www.ooo42.org/oxygenoffice.html.
37. Microsystems, S. Sun Microsystems GmbH: Produkte - Software - StarOffice 9. 2009 [cited 2009 04.02.2009]; URL: http://de.sun.com/products/software/star/staroffice/.
38. Inneren, B.d. IT-Rat der Bundesregierung eröffnet den Einsatz offener Dokumentenformate (ODF). 2008 24.01.2009]; URL: http://www.bmi.bund.de/cln_012/nn_122688/sid_E255A89BFD4FB3652A8B62532784B714/Internet/Content/Nachrichten/Pressemitteilungen/2008/12/ODF.html.
39. Corporation, M., *MICROSOFT OFFICE WORD 97-2007 BINARY FILE FORMAT SPECIFICATION [*.doc].* 2007.
40. W3C. Extensible Markup Language (XML) 1.0 (Fourth Edition). 2006 [cited 2009 30.01.2009]; URL: http://www.w3.org/TR/2006/REC-xml-20060816/.
41. W3C. XML Schema Part 0: Primer Second Edition. 2004 [cited 2009 31.01.2009]; URL: http://www.w3.org/TR/xmlschema-0/.
42. OASIS. RELAX NG Specification. 2007 [cited 2009 31.01.2009]; URL: http://relaxng.org/spec-20011203.html.
43. W3C. XML Path Language (XPath) Version 1.0. 1999 [cited 2009 01.02.2009]; URL: http://www.w3.org/TR/xpath.
44. W3C. XQuery 1.0: An XML Query Language W3C Recommendation 23 January 2007. 2007 [cited 2009 01.02.2009]; URL: http://www.w3.org/TR/xquery/.
45. OASIS, I.O.f.S.I., *Information technology — Open Document Format for Office Applications (OpenDocument) v1.0* 2006, ISO/IEC. p. 728.
46. Group, N.W. The MIME Multipart/Related Content-type. [Text Document] 1998 [cited 2009 02.02.2009]; URL: http://tools.ietf.org/rfc/rfc2387.txt.
47. W3C. Internet Media Type registration, consistency of use. 2002 [cited 2009 02.02.2009]; URL: http://www.w3.org/2001/tag/2002/0129-mime.
48. (IANA), I.A.N.A. MIME Media Types. 2009 [cited 2009 03.02.2009]; URL: http://www.iana.org/assignments/media-types/.

49. *SELFHTML. Übersicht von MIME-Typen. [cited 2009 03.02.2009]; URL: http://de.selfhtml.org/diverses/mimetypen.htm.*
50. *W3C. XML Schema Part 2: Datatypes Second Edition #typesystem. 2004 [cited 2009 11.02.2009]; URL: http://www.w3.org/TR/2004/PER-xmlschema-2-20040318/#typesystem.*
51. *(MSDN), M.D.N. XML, SOAP und binäre Daten. [cited 2009 13.02.2009]; URL: http://msdn.microsoft.com/de-de/library/ms996427.aspx.*
52. Group, N.W., *Multipurpose Internet Mail Extensions.* 1996, The Internet Society (1996).
53. Group, N.W., *Uniform Resource Identifier (URI): Generic Syntax.* 2005, The Internet Society (2005).
54. Group, N.W., *Uniform Resource Locators (URL).* 1994.
55. Group, N.W., *Hypertext Transfer Protocol -- HTTP/1.1*, in *section-3.2.2 http URL.* 1999, The Internet Society (1999).
56. *Group, N.W., URN Syntax. 1997, The Internet Society (1997).*
57. Adobe (1999) *PostScript LANGUAGE REFERENCE.*
58. Adobe, *Adobe Supplement to the ISO 32000* 2008.
59. *W3C. Scalable Vector Graphics (SVG) 1.1 Specification. 2003 [cited 2009 02.03.2009]; URL: http://www.w3.org/TR/2003/REC-SVG11-20030114/.*
60. Group, N.W., *Common Format and MIME Type for Comma-Separated Values (CSV) Files.* 2005, The Internet Society (2005).

www.ingramcontent.com/pod-product-compliance
Lightning Source LLC
La Vergne TN
LVHW042304060326
832902LV00009B/1251

* 9 7 8 3 6 4 0 8 5 0 3 7 2 *